朝鮮女性、初の世界一周記

조선여성 첫세계일주기

女子美術学校入学当時

ソウル中区にある貞洞教会にて結婚。1920 年 4 月

4 人の子どもたちと。1930 年

ソウルの郊外

パリの中心街にて

仁川の風景（家並から見ると、仁川租界の一角か）

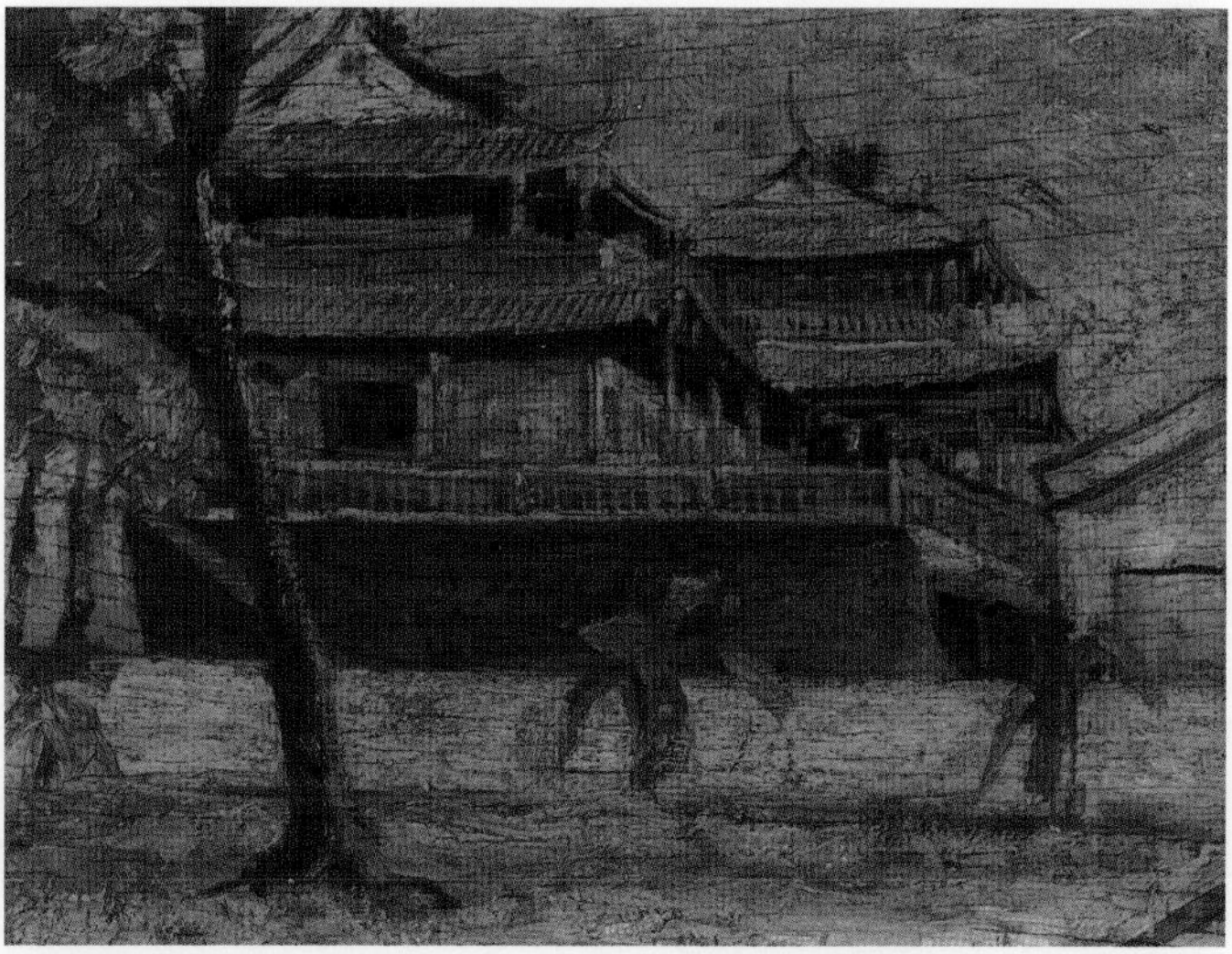

「満州奉天風景」（奉天は、現在瀋陽）。満州の安東県にいた頃の作品

西洋の別荘（場所は不明）

帆船

馬車

舞姫

朝鮮女性、初の世界一周記

羅《ナ》蕙《ヘ》錫《ソク》

朝鮮女性、初の世界一周記　◎目次

旅立ちを控えて

私には絶えず不安を呼び起こしてやまない問題が4つあった。第1は、人はいかに生きるべきか。第2は、男女はどのようにすれば平和に暮らせるか。第3は、女性の地位とはいかなるものか。第4は、絵画の要点はどこにあるのか。これらはいずれも実に難問である。

私の見識や経験ではどれもわかりようがない。それでも探究心を抑えがたく、その答えを求めてついに憧れのイタリアやフランスの絵画を実際に触れ、さらに西洋女性の活動現場をじかに見たくなった。自分の眼で西洋人の生活を肌で味わいたくなったのだ。

私は本当に未練がましい人間だ。憧れの地へ行けるようになったのはうれしいかぎりだが、自分自身の置かれた立場というと、決していい条件ではなかった。私にはすでに生まれて間もない赤ちゃんを含め3人の子供がおり、いつお迎えが来るかわからない70歳の老母（義母）もいたからだ。

それでも、私はためらいながらも決心した。しかし、いざ旅立ちとなると胸の高鳴りを禁じ得なかった。私自身のため、家のため、子供のためにも、ついに旅立つ決心をしたのだ。

ソビエト・ロシアを行く

釜山を発つ

1927年6月19日午前11時、奉天（現・瀋陽）行きの列車で釜山《プサン》を出発した。母は涙ながらに「早く帰って来てよー」と声をからした。私が申し訳なくて顔を上げられないでいるうちに、列車はいつしか北に向かって走り出した。

慶尚南道は、長い日照りで田畑には埃《ほこり》が立ちこめていた。雨はしばらく降りそうもなかった。車内の扇風機は申し訳ないほどの風が吹いているばかりで、山や野原の木々は太陽の熱い光にさらされ、うなだれていた。

午後1時、慶尚北道大邱《テグ》で一旦下車し、多くの知人に会ったり、歓送会をしてもらった後、夜の11時に大邱を出た。

その後、京畿道の水原《スウォン》駅で何人もの親戚縁者から見送ってもらい、しばらくして京城（現・ソウル）に到着した。京城には知人・親友が多くいただけに、心は落着き、離れがたかった。友人の中には私に会おうとわざわざ足を運んでくる者、しきりに電

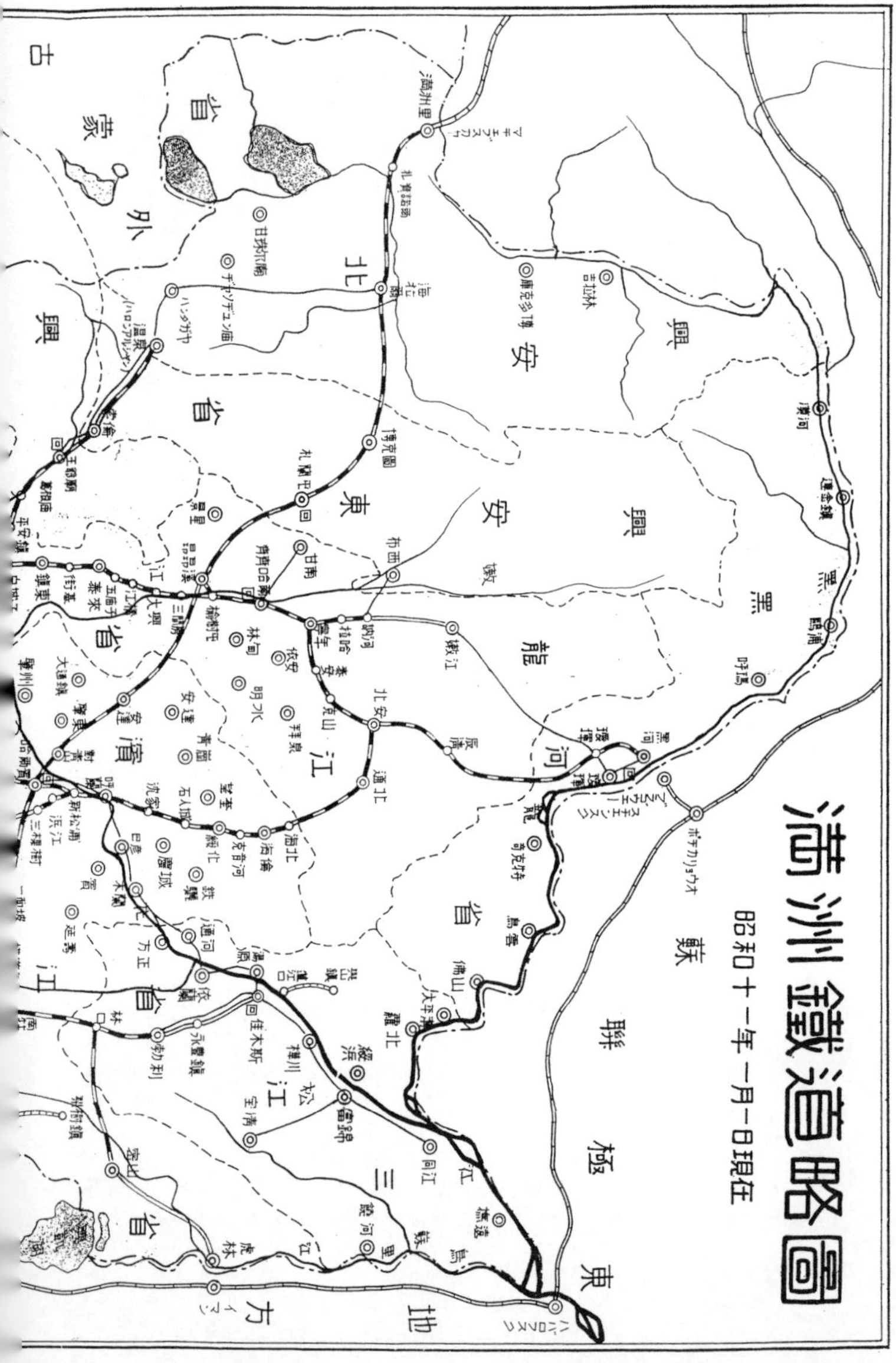

満洲鐵道略圖
昭和十一年一月一日現在
蘇聯極東地方

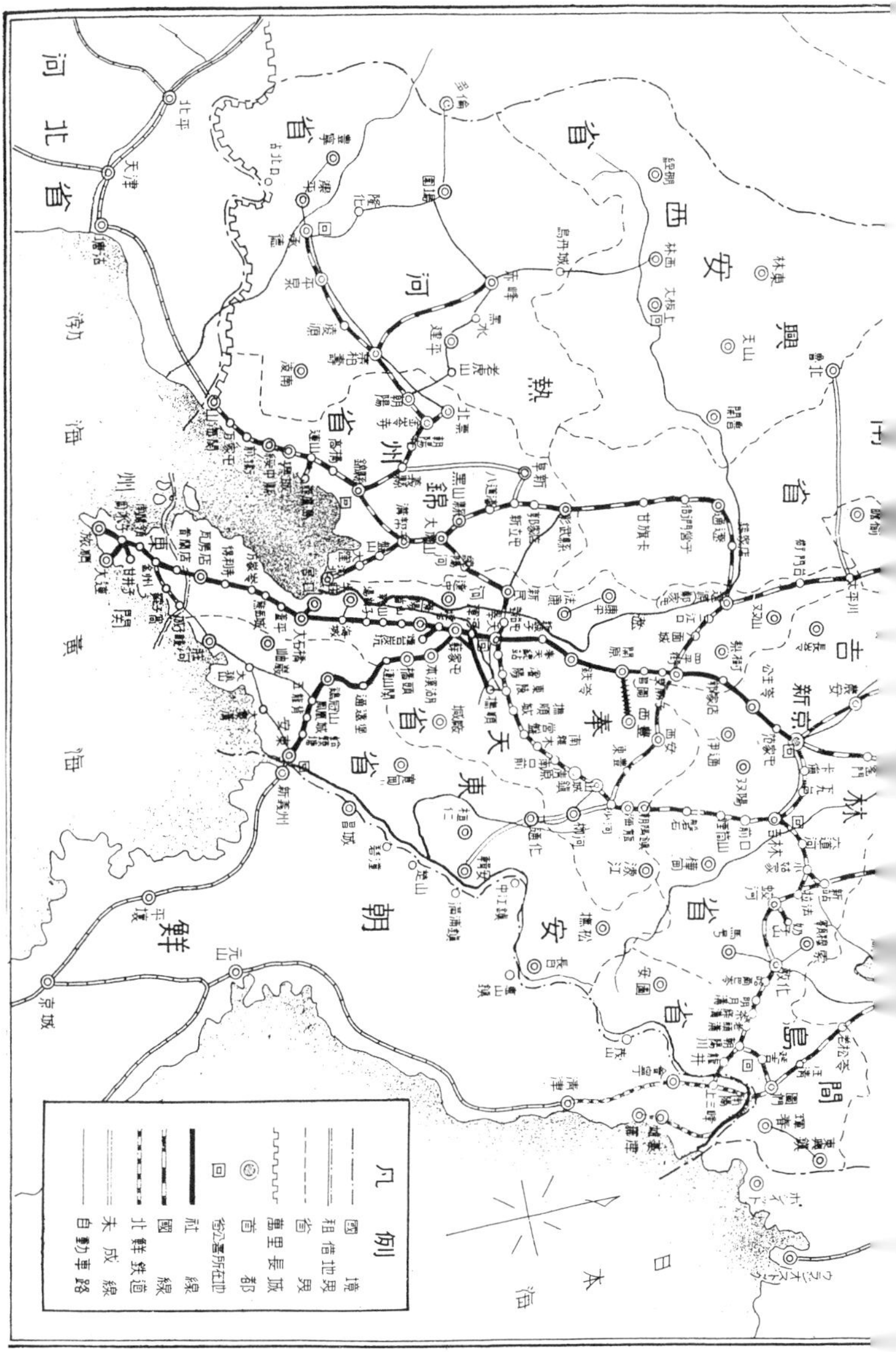
河北省
渤海
黄海
日本海
熱河省
錦州省
奉天省
安東省
間島省
吉林省
興安西省
朝鮮
新京
京城
平壌
天津
凡例

話をかけてくる友人もいた。一緒に昼を食べないか、夕食を共にしようなどと誘ってくれたりした。20人余りの親友が集って、明月館（鍾路区世宗路にあった韓国宮廷料理店）で晩餐会を催してくれた。

翌日は、50人以上もの友人たちが京城駅に見送りに来ており、首をつかんで引きよせたり、抱きしめてくれたかと思うと、酔いにまかせてふざけたりし、はたまた涙を浮かべながら長旅の無事を祈ってくれた。

夜11時前に京城駅を出た。

平安北道定州《チョンジュ》郡にある郭山《クァクサン》駅（同駅は現在、解放後新設された郭山郡に属す）で妹に会った。京城から同伴してくれた崔恩姫《チェウニ》さんとはここで別れ、彼女は涙ながらに私を見送ってくれた。彼女の気持ちはとって

羅蕙錫女史の世界漫遊 **朝鮮日報 1927. 6. 21**

女流画家、羅蕙錫女史は、芸術の国・フランスを中心とする東洋西洋各国の絵画の視察のため、来る22日夜10時5分の列車で京城駅を発ち、1年半の世界一周をする予定だ。本日午前7時45分、京釜線の列車で東莱の自宅を出立して京城に到着、現在朝鮮ホテルに滞在中だ。女史はシベリアを横断して、まず労農社会主義の共和国連邦である赤色ロシアを経て、引き続きイギリス、ドイツ、イタリア、フランス、ベルギー、オーストリア、オランダ、スペイン、デンマーク、ノルウェー、トルコ、ペルシア、チェコ、ギリシア、アメリカなどを巡回するという。

女史は朝鮮ホテルを訪れた記者に、非常に親しみ深い微笑を浮かべながら、「1年半という短い歳月にどれほど学べるものやらわかりませんが、夫が欧米視察に出かけるこの絶好の機会に、少しずつ各国の芸術品を観賞するだけでも、少なからず得るものがあると信じて行くのです。せっかくの長い旅行なので、何年も滞在しながら十分勉強して帰ってきたいのですが、なにぶん子供3人を置いて行くので、なかなか思いどおりには行きそうにありません」と述べた。

もありがたかった。彼女の心遣に値するだけのことができなかったので恥ずかしい限りだ。釜山から同乗してきた弟の志錫《チソク》も、平安北道塩州《ヨムジュ》郡にある南市《ナムシ》駅（現・塩山駅）で別れ、彼は南下する列車に乗って帰った。

満州で

中国遼寧省安東県（現・丹東県）の朝鮮人会代表の方々が、南市駅に迎えに出ていた。新義州駅では、安東朝鮮人会会長と以前私の家に居候していた学生が乗りこんできた。午前11時に安東駅に到着すると朝鮮人、日本人80余名が迎えに出ていた。誰も、手が砕けるほど強く手を握り、温かく迎えてくれた。投宿先は予定通り安東ホテルだった。

安東県には以前、6年ほど住んだことがあるが、すべてといっていいほど昔のたたずまいのままで、街路樹のポプラの木々が懐かしかった。安東と私との縁は深いとつくづく思ったものだ。かつて事業を起こしたところでもあり、個人的に人助けしたところもこの地なので、人情の甘さ辛さを初めて味わったのもこの地だった。また、社交に慣れたのもこの地で、大人びて世慣れたのもまたこの地だった。

満州に住む朝鮮同胞の経済的な発展はひたすら金融機関にかかっているという見地から、安東に「朝鮮人金融会」が設立された。それ以来、この組織は、安東朝鮮人金融界の中心機関になり、将来有望株だといって誰もが喜んだ。その後、この地の同胞は（朝鮮）総督府、南満州鉄道と交渉し、数百余名規模の生徒を収容できる普通学校（小学校）が建設され、南満州鉄道の管轄下に置かれた。同胞たちの明るい顔といったらなかった。その頃満州に住む朝鮮人の暮らしは貧しく、決まった職業を持つ人はほとんどいなかった。

金曲苑という中国料理屋で朝鮮人会の送別会があったが、百余名の出席は、満州の朝鮮人社会では実に珍しいことだという。私たち夫婦はかつて間違いを犯したこともなく、一人の敵もつくらなかったこともあるが、これほどの出席者があったことにただただ安東県の同胞の人情をありがたく思うばかりだ。

翌日は知人を訪ねたり、西洋で着るための韓服を準備した。西洋では呼び名さえない私たちの民族服を世界に披露したかったし、西洋の画家たちの目をぜひとも見開かせたいという思いもあった。

夜は、音楽会に出かけた。

その翌日には一行に混ざって林業会社の蒸気船に乗って鴨緑江上で午前を過ごし

た。梅雨時で、旧暦のみそか頃（5月27日。新暦では6月28日）だったため、川は濁流となって水量も増していた。この朝鮮最長の鴨緑江の南は朝鮮、北は中国である。ここに再び来ることができて感無量だった。この日の夕食は林業会社夫人の招待を受けた。

翌朝、社長夫妻と別れの挨拶を終え、さらに11時30分に50余名の見送りを受けた後、安東から奉天へ向かった。

午後7時に奉天に到着すると、兄夫婦と何人かの知人が迎えに出ていた。この間の人づきあいや旅疲れを兄の家でゆっくりと癒した。

兄夫婦から奉天で一番美味しいという中国料理店でもてなしてを受け、その後市内を見物した。奉天には前にも2度ほど観光に来たことがあったが、その頃とは違って道路はすっかり整備され、路面電車まで走っていた。奉天は今まさに東北三省（奉天、吉林、黒龍江）の中心都市としての様相を呈しつつあった。新旧市街にたたずむ近代的な建築や歴史的な城壁の四大門（中国や朝鮮の大都市は周囲を壁で囲った。これを城壁という。城壁都市は、東西南北に四大門を構えたが、南には正門が置かれた。城が都市という意味の名残りは、ロサンゼルスを羅城と訳するところにも表れている。なお、鬼城とはゴーストタウンの意味）、宮城の黄金色と青色の甍《いらか》、各国領事館に翻る旗を始め、目につくものがたくさんあった。

夜9時に長春に到着した。ホテルに入って列車の切符を予約してから、庭園を散策し、さらに市内見物に出かけた。

長春に来ただけでもすでに西洋の香りが漂っていた。新市街はもちろんのこと、古い街並みも安東や奉天よりもはるかに洗練されていた。ロシア人が出入りするロシア式の建築物が多く、ロシアの商品がたくさん出回っており、まるでロシア人の租界のようであった。馬車はゴム製のタイヤを装着しているので音もなく滑るように走った。中国式のガタゴト走る馬車とは全く違う。いずれにせよ長春は美しい街だった。

夜11時に青色の列車に乗った。釜山からここまで来る間、巡査の制服が地域によって随分違うことに気がついた。釜山から新義州までは白い制服に赤い縁の制帽をかぶっていた。駅ごとに1人もしくは2人の巡査がきらりと光る刀を持って立ち、彼らの言う「不逞《ふてい》鮮人」が乗り降りしていないかどうかを監視していたようだ。安東から長春までは、黄色い制服に2、3本の赤い線入りの黄色い制帽をかぶった満鉄の鉄道巡査が皮製のピストルホルスターをベルトに携えていた。中国の領土であるのに、満鉄は鉄道の保全を目的として線路の両側62メートルと各駅の適当な領域の警察権を持っていた。それは同時に、南満州鉄道管轄であるという誇りと威厳を見せつけるに十分であった。長春から満州里までは、黒っぽい灰色の木綿をところどころ刺し子に縫った制服に変わる。肩に三等兵の星印を付け、灰色の制帽を斜めにかぶった格好で、刀をずるずる引きずるようにして身に着け、今にも胸を刺さんばかりに銃剣を抱えていた。一方中国兵は緊張感がないのか、ぼうっとして休憩を取っていた。中国

私の夫はこういう人です　　**雑誌『新女性』1926年6月号**

いたって円満な性格なのですが、それでいて時々癇癪《かんしゃく》を起こすことがあります。一般的にはお人好しという印象を与える人ですが、ごく親しい人に向かっても、時々にあきれるほど聞き分けのない感情をぶつけることがあります。それでも全体的に見れば賢明ないい人です。人は誰でも他人からよく見られようとするので、他人を皆いい人だと信じてしまう人なのです。それゆえ時々他人を信じすぎる余り、どっさり抱えこんで身動きできなくなったりします。

この人の大きな欠点は趣味をほとんど持っていないことです。でも、他人の趣味を妨げるような人では決してありません。できるだけ他人の個性を尊重してあげるのは、何よりも彼の美点であると思います。

＊羅蕙錫の夫・金雨英《キムウヨン》は1886年釜山近郊の東萊《トンネ》に生まれ、当時の旧制中学を卒《お》えて岡山の旧制第6高等学校を卒業。その後、京都大学法学部を卒業し、弁護士になった。京城で開業し、3・1運動および独立運動事件の弁護を引き受けたが、後に、官界に入り、日本外務省満州安東県副領事を経て総督府の官吏を務めた。1920年に羅蕙錫と結婚。2人の結婚は羅蕙錫の破格の結婚条件により社会的話題となった。2人は新婚旅行の途上、羅蕙錫のかつての恋人で夭逝した崔承九《チェスング》の墓所のある全羅面道高興《マフン》を訪れ、墓碑を建てたのだ。

兵は列車の発着時になってやっと両足をそろえて気をつけの姿勢を取った。これでモンゴルへの侵入を狙う馬賊を食い止めようというのだという。

ロシア管轄の駅ではどの改札口にも鐘が一つぶら下がっており、列車が到着するたびにそれが1回ずつ鳴る。発車時には2回鳴り、呼び笛を吹くと列車が動きだすといった具合だ。鐘の音と呼び笛の音は良くいえば明快、悪くいうと軽々しくてふざけているみたいだ。すらりとした体つきのロシア人にはまったく似つかわしくない。

ハルビン駅には李相羽《イサンウ》さんが迎えに来てくれた。人恋しさにとらわれていただけに、誰であろうと、とてもうれしかった。取り急ぎ投宿先の北満ホテルに向かった。

国際都市・ハルビン

ハルビンは、北はロシアとヨーロッパに通じる世界的な交通の要衝地であり、南へは長春へと伸びて南満州鉄道につながり、世界中の人々の出入りが途絶えることがない。ロシア革命後、白軍兵が亡命地としてここに多数寄り集まった。世界的な音楽家、美術家の他に様々な技術者たちも大勢おり、あちこちで良い出会いに恵まれた。

ハルビンの街は賑《にぎ》やかで、人々の装いも華やかだった。だが、舗道には人の頭ほどの大きな石が雑多に敷かれ、ハイヒールではとても歩きにくかった。

時は7月。蒸し暑さの中、突然黒い雲が空を覆うと、大陸特有の豪雨が襲う。しばらくするとウールのコートが必要なほど冷ややかだったかと思うと、あっという間に日差しがじりじりと照りつけ、とても蒸し暑くなる。午後4時頃外に出てみると、思い思いの帽子をかぶり、肌が透けて見えそうな服装をした美女たちで街はあふれかえっていた。

どこにでも貧富の差というものがあるが、この街の暮らしぶりもまた千差万別である。

私が見たハルビンの豊かな同胞の主婦たちの日常は次のようなものだった。朝9時ごろに起きて、家族みんなでパン一切れとお茶一杯の朝食を取る。その後、彼女たちは籠をもって市場へ行く。昼食と夕食に必要な食料品を買ってくると、すぐに昼食の準備にとりかかる。たいていは牛肉をたくさん使って、朝鮮のコムグック（牛の肉などを煮詰めたスープ）のようなものを2、3時間かけて煮込む。12時から午後2時まで食卓を囲み、雑談しながら飽きるほど昼食を食べる。この時間は商店も閉まる。だから昼食の時間は人気《ひとけ》もない。主婦は家事を終えるとひとしきり昼寝をする。昼食の残りもので夕飯を済ませると、いそいそと化粧をして映画館、劇場、ダンスホールなどに行って時間をつぶし、朝方5、6時頃に帰ってくる。衣服は自分で作ることもあるが、それよりも商店で買ったものを着ることが多い。冬は夏服に外套《がいとう》を引っ掛ければそれで良しだ。夏はアイロン掛け、冬は砧《きぬた》打ちで一生を浪費する朝鮮女性があまりにもかわいそうだ。

娯楽場がたくさんあるのは、それだけ見物客がいるからだ。男性よりも女性が多いのはどこでも同じだ。西洋各国で娯楽場が繁栄しているのは、それだけ女性の生活に余裕があり、時間があるからだ。以前、京城のある劇場の前を通ったときに、同行していた友達にこう言ったことがある。

劇場経営をするには根本問題、すなわち朝鮮女性の生活を急ぎ改善する必要がある、と。女性の生活に余裕がない社会では、まちがいなく娯楽も繁盛することはない。

何人かの知人とともに一番の繁華街にある港公園にも行ってみた。この公園は同胞の崔《チェ》某とロシア人が共同出資で経営している。そのためなのか、入り口にロシア人と朝鮮人が一人ずつ立っていた。

庭園にはいろんな花が綺麗《きれい》に咲いていて、映画館があり、ダンスホールもある。茂みの中の映画館は上映中で、観衆で混んでいた。ベルが鳴ると、あちこちで遊んでいた人々が一斉に映画館に吸い込まれていく。入場券の指示通りに館内の椅子に座るようになっていた。上映されていたのはインド映画だった。

インドの王子がフランスへ留学し、卒業して戻ってくる。インドの国中が彼を歓迎する。だが、教会の門番だけは、外国に出入りする者は国法によって国賊とされているといって、王子を嘲笑する。王子はフランスの美女を連れて帰り、結婚を認めてほしいと王に懇願するが、王は激怒し、その女を殴るわ蹴るわの大騒ぎとなる。この場面を見ていて、過渡期にある朝鮮社会を思わずにはいられなかった。

もう1本はイギリス映画だった。当代の名女優が公爵から寵愛《ちょうあい》されながらもそれに満足できず、身分の低い若いある漁師を愛するようになる。その漁師は素直で無垢《むく》な人だった。漁師は公爵を殺し、その罪で10年間服役するが、その間も女優を忘れることなく思い続ける。女優のほうも一時は奈落の底に陥ったが、やはり漁師のことを忘れられなかった。そしてついに二人は再会を果たし、幸せに暮らす。金銭万能で皮相な社交術ばかりが幅を利かせる社会になればなるほど、かえって絶えまない努力と真面目な人付き合いが恋しくなる。観ていてそう思った。

3日は日曜日で、日曜日ともなれば人々は松花江（ロシア名はスンガリー）に集まるのだということを聞いて、出かけてみた。

こちらの岸から対岸まで架かる橋は、5町（約550メートル）ほどあり、私は濁流の上を渡った。川辺には休憩所が数珠つなぎに立ち並んでいた。夏の避暑用の木製のバラックやテントなどだ。草の上で美味しい料理を楽しむ家族、足を組んで手をつなぎ、仲良く寄り添う恋人たち、ふくよかな肌をさらしながら散歩する女性たち、さほど高くない柳の木の間を思いのままに三々五々群れをなして散策する人々が太陽島の辺りに点在していた。実にこの松花江の川辺はハルビン市民にとってなくてはならない避暑地になっていた。

夕食は朝鮮人会会長宅で頂いた。その後、会長夫人と一緒に街の見物に出かけた。夫人はハルビンに来て初めての楽しい見物だと言ってとても喜んだ。私はいつもそうであるが、見物慣れした人よりもそれほど物見遊山したことのない人と出かけるほうが好きだ。そしてその人が楽しんで喜ぶ姿を見ていると、爽快な気分になる。この日もまさにそうだった。

知人友人たちと一緒に共同墓地へも出かけてみた。正面にある納骨堂の上には金色の十字架が光っていた。遠くからやってくる葬列が見えると、鐘を鳴らして弔意を表す。広い墓地にはさまざまな型をした墓があり、まだ青い芝のままのところはこれから入ってくる誰かを待っているようだ。

帰りに、中国式の建築物として有名な極楽寺に立ち寄った。青黄色の屋根瓦から真っ赤な壁、さらにあちこちに施された藍色の模様にいたるまで強烈に光り輝いていた。私の体がその中へ吸い込まれそうな気がした。

大興安嶺山脈を越えて

満州里行きの準備をした。6日夜8時10分にハルビンを離れることとなった。見送りの20余名の知人に感謝の意を表しながら、東支鉄道の1等客室に乗りこんだ。中国は万国鉄道会議に参加していないため、満州里でワゴニー社の万国寝台車に乗り換えることになった。この路線では機関士が駅長に渡す通票入れが鉄棒のようだった。

列車は荒地をどこまでもひたすら走り続ける。左右の原野には白く輝く芍薬《しゃくやく》が見事に咲き誇っていた。果てしない広野の牧草に青、黄色、赤、白などの草花がたくさん咲いていて、まるで青いビロードのうえに鳳凰《ほうおう》の模様を刺繍したようである。飛び降りて寝転びたくなるような所がたくさんあった。

河川が少ないため農作業に向いてないからか、あるいは山岳が険しくて越えるのは困難だからか、要らない土地が多そうで、いっそ私たちにくれたらいいものを、と思った。私たち一行が自然に目を奪われていると、隣の客室から西洋人の美しい歌声が聞こえてきた。汽車や汽船の旅では音楽ほどよいものはない。車窓から景色を眺めながら、それを讃えて歌える人こそ一番の幸せ者だ。

午後3時、有名な大興安嶺を越えた。ここはすでに海抜数千尺（1100～1400メートル）だ。

夜8時にロシアと中国の国境である満州里に到着した。待ち時間の1時間ほどを利用し、市街をちょっとぶらついた。国境であるためか軍営が多く、小さな町なのに朝鮮人の不法売春婦までいた。ここで税関検査を受けた。私たちは公用旅行券を持っていたため、いつどうやって通ったのかわからないくらいごく簡単に終えた。左側の列車から右側の列車へ荷物を運ぶポーターが、旅行鞄《かばん》一つ当たり大洋（中国で流通する銀貨）80銭（現在の1500円ほど）をもらっていることには少し驚いた。

夜11時に満州里を離れワゴニー社の万国寝台車に乗り換えた。室内設備は東支鉄道と変わらなかったが、ただ1等客室に洗面台が増設されていた。

1927年5月15日以後、チタとモスクワ間の急行列車は満州里とモスクワ間の急行列車となったため、チタでの乗り換えは廃止された。この急行列車には軟床車（いわばグリーン車）、硬床車（一般車）、食堂車、1、2等寝台車などが備わっていた。

満州里からの同行者は以下のようであった。貴族院議員野田さん（南米ブラジル行き）、衆議院職員松本さん（ジュネーブ軍縮会議出席）、工学士後藤さん（ドイツ視察）、加藤さん一行9人（黒海に沈んだ軍艦の中の金塊を引き揚げに行く途中）、医学博士安藤さんの夫人、堀江高等商業学校教員夫人と中国人の劉さん（ベルリン大学生）、李さん夫妻（英国オックスフォード大学生）。長時間共に過ごしたので、いつしか皆さんの気心もわかるようになり、良き旅の友となった。

シベリアを通過する

満州里で旅券検査を受け、列車はソ連領に入った。蒼《そう》

妹のような秋渓*に　　**朝鮮日報 1927. 7. 28**

私は今有名なバイカル湖畔を通過するところだ。聞きしにまさる景勝地だ。ここは京城の9、10月の気候だ。午前2時が日の出で、午後1時が日没。昼に睡眠をとるようで、やや変な気分だ。地平線が青い空とくっついているような荒野にはスズランが光り輝き、羊と牛の群れがのんびりと歩いている。しっとりしたこの一幅の絵は、あなたがいつも話していた家の敷地（宅地）を連想させる。この場所で友だちみんなとお酒を一献傾けながら踊りでも踊れたら…

＊朝鮮日報記者の崔恩姫。この文章は同記者に送ったはがきに含まれていた。

茫《ぼう》たる広野を疾走するなか、あちこちのラクダの群れ、ブリャート人の小さな家々などが車窓に映る。オノン川を渡りカルブイスカ駅に到着すると、そこからは線路が複線になっていた。

チタ駅に到着すると正午だった。ひどい雨が降っていて、赤い手ぬぐいを頭にかぶったロシアの農婦たちが子供を抱いたまま乗客たちの往来をじっと見つめていた。ここは農産物で有名なところだ。そこから13時間余り走り、工場の多いベルフネウディンスク（現ウラン・ウデ）に到着した。

今まさに、有名なバイカル湖畔を列車は疾走している。湖面の景色はいつ見ようとも幸せな気分になる。誰にでも親しみを与えてくれるのはもちろんだ。ましてや茫漠《ぼうばく》とした広野にあるバイカル湖の景色だ。長旅で退屈していた乗客らがコンパートメント（個室）から出ていっせいに車窓に集まった。

クラスノヤルスクに着く頃、目についたのは、松林の合間に見え隠れする教会の尖塔だった。シベリアのアテネといわれるトムスクや政治経済の中心地であるノボシビルスクを過ぎると、やがてオムスクに到着する。この付近には崩れた小屋や壊れた車両が多く、革命当時の惨劇の跡を見ることができた。ここからは土の色がだんだんと黒色に変わり、食物を売る女性の服装も綺麗になった。

次はスベルドゥロフスク（現エカテリンブルク）だ。ロシア皇帝ニコライ2世一家が悲惨な最期を迎えた所で、ニコライ一族は死ぬ前にこの付近を散歩したことだろう。

地平線と青空が出会う蒼茫たる原野に青々とした牧草がどこまでも続き、そこに絹糸で刺繍《ししゅう》したような白いスズランの花と赤いバラの花が混じっていた。切られた白樺《しらかば》の古木、高く伸びた赤松が数えきれないほどだ。白と黒、まだらの牛の群れは首を伸ばしてのんびりと草を食《は》んでいる。ここは冬にでもなると、真っ白な銀世界をシベリアの住民がそりに乗って疾走するのだろう。

オーロラ

白樺の森林に浮かぶ夕陽が非常に冷たい。空の色は黄色くなったかと思うと、真っ赤になり、やがて青灰色に変わっていく。天空はいつのまにかすっかりまん丸くなり、白夜となって昼か夜か見分けがつかなくなる。空は鏡のように透明で、眩暈《めまい》するほど輝いている。さらにそこにいろんな形が姿を現す。これが話題のオーロラだ。私たちは歌いなれた「オーロラ」を歌った。

行こうか、よそうか

オーロラの下へ
ロシアは北の国
果てしない
西の空は夕陽に染まり
東の空は明けて来る
鐘の音が聞こえる
中天から

やって来るにはあまりに明るく
行くには暗い
遠くから明かりが
光ってくる
止まれ、おんぼろ馬車よ
休め、白馬よ
明日行くべき所が
ないわけではないが

私は、私はデラシネの浮き草
風の吹くまま
流れ流れて
どこまでも流れ
昼には道を歩き
夜には夜通し踊り
たとえ晩年をどこで
迎えようとも

ある所では、ぶかぶかのズボンをはいて、赤い手ぬぐいを頭にかぶった集団農場の女性の一団が現われ、またある所に行くと、モンゴル人の一団が髭《ひげ》をなでつけながら静かに突っ立っていた。

駅という駅の売店では、農婦たちが卵、牛乳、子豚の燻製《くんせい》などの品を旅客に売りつけていた。少女たちは野原に咲いているかぐわしい花々を集めて花束にし、それを旅客に勧めていた。そんな風景を見ていて、とても豊かな情緒を感じた。興味深いものだ。

列車のボーイが持ってきてくれた空き缶に花束を挿し、買った食べ物をテーブルの上に並べて夫婦で向き合っていると、私たちの暮らしぶりが豊かに思われ、幸せな気分になる。

モスクワに近づくにつれ、広い土地はすべてジャガイモ畑で覆われた。線路の周りには物乞いがたむろし、駅の待合室には病人、老人、子ども、女たちがうめき、泣き、居眠り、あるいはまた両腕をだらりと垂らしたまま座っているか、毛布を引っかぶり大きなリュックを脇に抱えたりして、実に痛ましい光景だった。ロシア革命の影響がまだ癒やされていないとは想像もしていなかった。ロシアといえば革命を連想し、革命といえばロシアを単純に思うだけだったが、シベリアを通過すると知らぬ間にいまだ血なまぐさい空気が充満していると感じた。

モスクワ・ソビエト社会主義連邦共和国

かつてロシア帝国の首都はペテルブルクだったが、1917年の大革命後、ソビエト社会主義連邦共和国（ＣＣＣＰ）は首都をモスクワに移した。モスクワは地理的な位置から、西欧と東アジアを結ぶ世界的な要衝としての位置を占めてきた。

列車のコンパートメントに閉じ込められた長旅の末、ようやくここで下車すると、身も心も解放された気分になる。

ロシアでの税関通過は比較的簡単だが、入国して泊まる手続きは厳しい制限があり、執行委員会の外国旅券課に行って居住券をもらわなければならず、旅行客はできる限りその日のうちにやっておいたほうがいい。

そして、私たちはここに3日間滞在した。ホテルの宿泊料金と物価の高いことには驚いた。また、自動車とタクシーは個人のものでなく、すべて国有で、台数もわずかなため、出来るだけ歩くことにした。

モスクワ駅に降りると朝鮮人の朴《パク》さんがいて、朝鮮人も日本人もこの人に案内を頼むことが多いようだ。かつて彼は、ロシア駐在韓国公使館参事だったが、今はガイドをしながら暮らしを立てている。朴さんは日本人を案内し、私たちは日本人のロシア留学生に案内をしてもらうことにした。

せっかくのチャンスだったので、プーシキン美術館、トレチャコフ美術館、近代フランス美術館、そしてモロゾフ博物館と革命博物館をざっと観て回った。

ロシアの美術品は歴史的にこれといった制約をほとんど受けることはなかった。ロシア文化の中心が変わるたびに、芸術家たちは中断された芸術の中興を目指し、努力を惜しまなかった。同時にロシア芸術は諸外国の影響を大いに受けたが、本来備えていた自らの特質は依然として保ち続けた。

ロシア現代美術は大体3つのグループに分けられる。1番目は保守派で革命前の伝統を保守しようとし、技術よりも構想を重視する派。2番目は東洋と西洋の美術の長所を取り入れて自分のものにしようとする進歩派。3番目はごく少数だが、構成派芸術を民衆化しようとする一派だ。この他、モスクワ派やレニングラード派などというふうに、各地方にもグループがたくさんある。中でも芸術の中心地であるモスクワには革命ロシア美術家協会、四科協会、美術雑誌記者組合などがあり、毎年展覧会が盛んに開かれている。

プーシキン美術館とトレチャコフ美術館には、個人的に収集したヨーロッパ各国の有名な絵画がたくさんある。

近代フランス美術館には近代フランス画壇の有名な絵画は、ほぼ全部あるといっていいだろう。

何よりも、モスクワ美術館の陳列方法は世界に誇れるものだというのが、もっぱらの世評である。

クレムリン宮殿

十字架の屋根、高い城壁に囲まれたクレムリン宮殿を一周してワシリー大聖堂に入り、豪華絢爛《けんらん》な装飾品をじっくりと眺めてから、ナポレオン戦争記念公園と国営百貨店を見て回った。澄み切ったモスクワ川を渡り、白い石造の労働宮の前を過ぎて、丘に登った。丘に立ってモスクワ全景を目の前にすると、ドーム屋根の教会堂の金色の瓦が太陽に照らされて見事だった。

丘を降りロシア政府当局のクラブ食堂で食事をすませ、エーレワ公園を散策した。朝には、四方の聖堂から鐘の音が聞こえてくる。私は気になって外へ出て、人々の後について近くの大きな聖堂へ入った。ちょうど、葬儀が執り行われていた。棺《ひつぎ》を開けて花に埋もれた死体を公開していた。誰でも入って、死者を1回ずつのぞいては祈りを捧げ、隣にあるイエスの肖像画に口づけして出て来る。

街中のある教堂の正門には「宗教はアヘン」と大書特筆した紙が貼ってあった。人々はそれを横目に見ながら、脇の小さな教会に入ってお辞儀をする。

モスクワ市街は首都といいながらもみすぼらしい。革命の惨事のあと、まるで台風一過のように、まだなすすべがないといったふうに見える。人々は皆さんざん鞭《むち》打たれたようにぐったりとし、どうにでもなれといった厭世《えんせい》的な気分にとらわれているようだった。男たちは薄汚れたワイシャツのまま出歩き、女たちは帽子もかぶらず裸足で歩いていた。噂《うわさ》では、悲惨なことがまだいろいろあるようだ。外国の物が手に入らず国産品だけで生活せざるを得ないので、物価は高く、不便な点が多いという。

午後にはレーニン廟《びょう》を見に行った。開門前から見物客らが長蛇の列をなし、立ち並んでいた。

左右の門を守っている門番の間を厳粛に軽やかに入った。地下へ続く階段を下りてガラス張りの棺を巡り、蒼白《そうはく》な顔で静かに眠っているレーニンの死体を眺める。この革命家・レーニンの死体は本物ではないという噂があるが、とにかく見られただけでも幸いだった。

外ではラッパや太鼓の音が空高らかに響き、赤の広場には赤い旗が所狭しとはためいていた。実に数万もの群衆の中で、若い男女が赤い帽子、赤いネクタイ姿で馬車の上もしくは自動車の中で、腕を強く伸ばし、足を踏みならしながら力強い声で合唱や独唱をし、わいわいがやがやと騒がしくしていた。イギリスとの国交断絶を主張するデモなのだそうだ。しばらく見物していたが、時間に迫られ、そこを後にした。

午後5時にモスクワを出発し、目的地フランスに向かった。

ロシアとポーランド国境の税関では、検査のためにいちいち荷物をもって降りなければならなかったので、面倒だった。

ポーランド

ポーランドの農村には、黄色い麦畑があちこちに広がっていた。日本の農家とよく似た家が散在し、まるで日本の東海道線に乗っているような感じがした。野原の草の上には、川で髪を洗ってから一休みしているような男女の若者の姿があちこちに見えた。西洋特有の草花があたり一面に咲いていて、これだけでも西洋の香りがたっぷり漂っているようで、私はやっと西洋世界に入った気がしたものだ。

ここで乗車するポーランド人は男女ともに顔が丸くて可愛く、端整な感じがする。ポーランドはこのたびの欧州大戦後（第1次世界大戦）に独立国となり、国際社会と政治、通商、文化、経済関係を結んだ。名所がたくさんあるが、全部を見てまわることはできず、首都ワルシャワを約1時間ほど自動車で観光しただけだった。ただここで珍しく感じたのは、鉄道のボーイが四角い帽子をかぶっており、警官が青い服装をしていることだった。

17日午後8時にワルシャワ駅で乗り換えた後、18日午後9時頃にドイツのベルリンを通過した。雨で車窓が曇っていてよく見えなかったが、ベルリン駅のガラスの天井ドームが素敵だった。

あちこちに天を貫くかのような工場の煙突が林立しており、煤煙《ばいえん》のせいで空がすっかり灰色に曇っていた。

パリからスイスへ

ジュネーヴへ

7月19日午前、パリ北駅に降り立つと、安在学《アンジェハク》さんと李鐘宇《イジョンウ》さんが迎えに出ていた。とてもうれしかった。二人の案内でホテルに向かった。

パリ見物は地理を十分に把握してからすることにして、予定通りスイスのジュネーヴへまず赴くことにした。

27日午前8時にスイスに向かって出発した。スイスとフランスの国境、ベルガルドでは、携帯品検査時に構内の指定場所に荷物をもって降りた。

野原には黄色い麦畑が広がり、それに真っ赤な罌粟《けし》の花が合い間合い間に咲いていて見事だった。キュロを過ぎると山や川が見え始め、景色は非常に美しくなる。ジュネーヴ湖（レマン湖）へと流れ、さらに地中海へとつながる川が線路に沿っている。2〜3時間疾走する間、辺りの山々は低くなっては高くなり、近づいては遠のく。また線路に沿って流れる川の水も、太陽の光で輝く滝になったり青い池になったり、果ては静かな藍色になってから、石鹸《せっけん》の泡のように濁ったりする。崖の上と下には所狭しと家々が建ち、山と川の調和した景観となっている。目を遠くへやると、先の尖《とが》った峰が連なってそびえ、それがまた黒色、紫色、紺色に変わっていく。懸命に見ようとしたが、なにせ列車の窓からである。もどかしくてならなかった。

いくつものトンネルを通り貫けたが、電気鉄道なので煙が出ない。景色に酔いしれていると、いつのまにか午後7時になり、ジュネーヴ駅に到着した。

この日はフェジナホテル48号室に泊まった。

夕食後、好奇心がやみがたく、散歩に出かけた。私たちのホテルの目の前にレマン湖（スイスで最大の湖）がある。湖畔には深緑の街路樹が生い茂っていた。その木々の間は恋する男女たちであふれていた。あちこちのレストランからは音楽が流れて、ダンスホールは華やかな電灯の飾りつけをし、管弦楽でお客を引きつけている。湖畔の欄干には卵ほどの電球が蛇がはうようにつるされている。それが黒い湖水に映って揺れている夜景は、言葉にできないほど美しかった。湖のあちこちにはやや低い橋があり、とぎれなく人々が行き来している。

軍縮会議が開かれているということもあって、日本代表と丸山さん夫妻、藤原さん夫妻と会って楽しいひと時を過ごし、お昼もご一緒した。

金剛山を見ずして朝鮮を語るべからず、日光を見ずして日本を語るべからず、蘇州と杭州を見ずして中国を語るべからず、というが、スイスを見ずしてヨーロッパは語れないと言われるくらい、ヨーロッパの自然の景色を代表するのがスイスだ。中でも一番華麗で人が集まってくるのがここジュネーヴだ。文人墨客の遊覧の地であるだけに、交通機関が便利で電車の路線が縦横に走っており、自動車と馬車が市内にあふれて、いつどこからでも乗れるようになっていた。とはいっても、実際に乗って観光するほどの所は限られており、そもそも金持ちの英米人たちがお金を使うために来る所だ。絶えず行き交う人々の中には、日本外交使節団60余名も混じっていて、アジアの人も大勢見かけた。これから観光客がだんだん増え、9月中旬頃にピークになるそうだ。

スイスの名産品といえば、周知のように時計である。そのほか木彫り、宝石なども有名らしく、微妙なさまざまの細工が観光客の目を引き、足を止めさせ、虜《とりこ》にする。

ホテルに戻ると、テーブルの上に朴錫允《パクソギュン》さんの名刺が置いてあった。あまりにも意外で、うれしかった。やがてドアのノックの音がしたかと思うと、朴さんが現れた。

異国で同胞に会うと、先祖から受け継いだ血が踊り出すような感慨が湧き、感謝の気持ちが否応なく増す。

翌朝、9時20分発の蒸気船に乗ってレマン湖を一周することにした。出発と同時に、甲板で管弦楽曲が演奏される。太陽の光が降り注ぐ湖の上に浮かび、音楽に身をまかせていると、思わず「ああ」と、幸せな運命に感謝の気持ちでいっぱいになり、ふと故国の貧しい同胞を思い、哀れさを感じられずにはいられなかった。

ローザンヌなどを通り過ぎてモントルで下船し、付近をのんびり歩いていると、なんとレマン湖がひと目で見渡せた。向かい側にはモンブランの頂が雲に包まれ空高くそびえており、左側にはアルプス連峰が凹凸状態で屹立《きつりつ》し、山影が湖に映るその壮観さはなんとも名状しがたい。果たして山紫水明で奥深い自然美に、さらにあれやこれやの絶妙な家々やお城などの人工美が加わっているのだから、この驚嘆すべき絶景を前にして今更なんと表現していいのかわからなくなる。

当地には湖に浮かぶようなシヨン城がある。4時頃帰途に立ち寄った。この城こそバイロンの詩に詠われた、かの「シヨン城の囚人」で有名な名跡である。

白い雲のようなカモメの群れがずっと汽船を追い、船客の放り投げるパンくずを取って食べる光景もまた見もので、時の経つのもわからないほどだ。途中、音楽隊が乗船し、1曲演奏すると小さな器を手にした人が船客の間を回って投げ銭を求める。彼らは楽団を作って、巡業してあちこちの船に乗り移っているようだ。

レマン湖の特徴はその緑色だ。日の光を浴びると黄色になり、森の色との見分けがつかなくなる。

翌日の31日は日曜日で、朴さんら知人数人とフランス領のアヌシー観光に出かけた。ここもまた湖があり、美しい景勝地だ。湖畔の広場に生い茂る木々の下に無数の人々が集まり、天を衝《つ》く拍手喝采を響かせる。高い壇上には十字架と国旗が飾ってある。白髪老人の市長がまさに授賞式の演説中とあって、その下では様々な扮装《ふんそう》を凝らした男女の学生たちが並んでいた。

次の日は、スイス社交界で有名な一婦人と朴さんに同行し、ジュネーヴの全景が一望できるサレーヴ山に登った。この山はフランスとスイスの国境にある小さな山だが、長年両国が領有権を争った末、結局フランス領になったという経緯がある。

李王殿下

今日は李王殿下（英親王李垠《イウン》）がインターラーケンを通過される。殿下は列車から降りられながら私たちに、いつ来たのかと朝鮮語でお尋ねになった。

午後8時にフリバザ食堂で斎藤実朝鮮総督が殿下のために晩餐を催した。軍縮会議の各国首席、次席代表を始め、会議関係で滞在中の大使、公使、勅任官も招待され、私たちも同席することになった。そもそも出席出来る官位のない私たち夫婦は、特別に出席が許された。

70名余りの来賓のうちイギリス代表フリードマン（当時海軍長官）夫妻、アメリカ代表デイビソン夫妻ら、夫人同伴は私たちも含めて5、6組に過ぎなかった。夫人の数が少ない場合は女性が上座に座ることがある。そうして上官にその女性が重要事を告げる。

外交官の外交活動で夫人の役目が大切だといわれるわけは、こうした場合がしばしばあるからだ。したがって、外交官夫人は、誰も愛嬌《あいきょう》があり、機転が利かなければならない。

私の右側にカナダ代表、左側にイギリス次席全権が座った。このような席では語学に堪能であれば有益な会話も弾むだろう。私は残念でならなかった。だが、生半可な語学ではかえって欠点が露呈しかねないが、逆に出来ないとかわいく見られることがある。そうしてうまくいけば幸いだが、そうでないと笑われ、逆に愛嬌者とされる。いずれにせよ、私は自分の無学を恨んだ。

翌日の夜は、李殿下が勅任官以下20余名に謁見の機会を与えてくださった。私たち夫婦も出席を許された。食後、私語を取り交わす中で、殿下が私に特別に絵を描いてほしいとおっしゃり、恐縮した。殿下はイギリス皇帝と挨拶を交わす予定があったために、この日の夜ご出発なさった。

次の日の午後、丸山さん夫妻、藤原さん夫妻と一緒に、以前仁川駐在公使だったフランス人の未亡人の宅に招かれ、すき焼きのご馳走にあずかってから、その足で開催中の軍縮会議総会を3時間も傍聴した。会議の決裂が懸念され、全体として緊張した雰囲気だった。会議場がどこかのホテルの食堂なので狭苦しく、傍聴席は超満員で立《りっ》錐《すい》の余地もなかった。議長であるアメリカ代表の趣旨説明に続き、イギリス代表が演説を行った。これにアイルランド代表が反対演説をし、日本代表とアメリカ代表の演説が続いた。その後互いに挨拶を交わしたかと思うと、会議は決裂したのだった。

12日、10人以上の知人らの見送りを受け、ジュネーヴを離れた。列車は山また山を越え、トンネルを抜けまた潜り込むといった具合の旅だった。幾重にも積み重なった山岳地帯を疾走するうち、次第にアルプス山頂に近づく。たいていスイスの鉄道は山腹をぐるぐる回るか、丘を登るか、10～20分ごとにトンネルに入るかで、とにかく景色が言いようもなく美しい。

山村でも漁村でも文人墨客相手のホテルが多く、登山列車もあちこちに見られる。線路の左右の丘は刷毛《はけ》で梳《す》いたように芝生がきれいに生えそろい、牧草地はところどころ杭を打ち込み、木材を左右に雑に渡し架け、これらが田舎の村らしい自然の風趣を漂わせている。赤い手ぬぐいをかぶり、朝鮮のチマのような長いスカートをはいた農家の女性たちが木に登り、座ったままの姿勢で果実をもいでいる姿もなかなかいい。木立の間から見える細道の砂利が日の光に照らされて輝く白い光も、また他では見られない珍しい光景である。

いよいよブリエンツ湖の横断だ。この湖はスイス特有の高山が周囲を取り囲み、その山影が湖面に反映するため、美の極致を表している。乗車時間は2時間ほどだった。湖水ぎりぎりに敷かれた線路を疾走するが、次々と現れる奇峰や奇岩といい、限りなく続く青い山や澄んだ水といい、すべてが大きな喜びを与えてくれた。あたかも夕日の差す時刻で、ずらり並んだ峰々は白玉のような白雪の宝冠をかぶり、あるいは紫、あるいは青、あるいは赤に染めあげられている。見る見るうちに煙のような雲に覆われ、帰りを急ぐ帆船が懸命に櫓《ろ》を漕いでいる。欄干に1本の釣り糸をたらしたまま座っている人がいる。こうした澄みきった美しい山水の風光は、まさに仙女が舞いおりて遊ぶところというべきだ。午後7時にインターラーケンに到着した。

インターラーケンとユングフラウ

夕食後そのまま眠りにつくのが惜しく、夜景を見に出かけた。谷川の流れに沿ってあちこちに公園を設けた直線状の山の中の市街地である。ここでは夜間でも店を開いている。さまざまな彫刻品を陳列し、道いっぱいに往来する客たちの足を引きとどめる。

次の日の朝、市内見物に出かけた。駅では、どこへ向かうのか、どこから来るのかわからないが、列車の往来が頻繁だった。脚絆《きゃはん》を巻き、大きなリュックを背負い、杖《つえ》を手にした大勢の登山客でごった返していたが、ほとんどが学生かお金持ちの避暑客だった。

私たちの乗った自動車は断崖絶壁を見下ろしながら、真っ暗な山中をひたすら疾走した。空気がだんだんと薄れ、寒気が増してきた。滝見物に行ったが、水しぶきが激しく飛び散っていた。それは荒々しく岩間から吹き出ていた。滝の下の方は険しい絶壁になっていて、その下には青々とした深い池が形作られていた。洞窟の中にある大きな鉄の門をくぐった。そこにはエレベーターがあり、山に登れる。先ほどの滝の周りを全部見せる仕掛けなのだ。絹地を掛けたような翡翠《ひすい》の壁にはじける玉のように白い飛沫《ひまつ》や、流れ流れて再び岩間の穴から吹き出る不思議な流水などを見ていると、これはまさに天下一品と呼ぶにふさわしい。

アルプス山脈の中で2番目に高い山である11、340尺（約3740メートル）のユングフラウに向かった。蟻《あり》ですらうまく登れない高い峰を、電車にじっと座ったまま登っていく。山を越え、アイガートンネルに入っていく。長さ7里（2800メートル）もあるトンネルで、トンネルの途中に石で造った2~3の駅があり、とても不思議な感じがした。絶壁の下を見下ろすと「ああ」と思わず声が出てしまい、鳥肌が立つほどだった。

白い積雲がたくさんの谷間からむくむくと湧いており、ふと見上げると、ユングフラウの綺麗に澄んだ雪に覆われた岩が目の前にあった。重なり合う山中に年中雪が降り積もり、これが氷河となり、氷河が溶けて水になり、水が流れて滝となって落ち、滝が流れて小川ができ、小川が流れてあちこちに湖が形作られる。これがスイスなのだ。これを見ようとして各国から人が押し寄せ、それによってスイス国民の生活が潤っている。

大国に挟まれたスイスは政治的にも軍事的にも格別なすこともなく、ただ天の恵みである自然景観をうまく利用し、収入の大部分を得ているという。

わが朝鮮も、江原道一帯を世界的な避暑地にすることが切実に求められる。東洋人はもちろんのこと、上海、北京、天津などに居住する西洋人を取り込むことが必要なのだ。彼らは毎年巨額を投じてスイスへ避暑に出かける。江原道には三防薬水《サムバシャクス》（咸鏡北道安辺《アンビョン》にある薬水の出る所。薬水とは文字通り薬の水、つまりミネラルの入った天然水。ここの薬水は炭酸、珪酸、カルシウム、ナトリウムなどを含み胃腸などによいとされている。近くに鼓音瀑布などがあって景観もよい）があり、釈王寺があり、元《ウォン》山《サン》近くの明沙十里《ミョンサシムニ》（いわば白砂青松の風光明媚《めいび》な海岸）の海水浴場があり、内金剛、外金剛といった奇岩の景勝地があり、これほど万端そろった景勝地は世界にそうはないだろう。

スイスにはどこに行っても、景色のよくないところはないと言ってもよい。スイス全体が第一級の景勝地である。絵になる場所が無数にある。スイス観光に出かける人は誰も、宿を定めずにリュックひとつ背負って行くのがよいそうだ。それがスイス旅行の一番の方法だという。

ベルン

スイスの首都ベルンに到着したのは、夜の7時頃だった。

トーマス・クック旅行社（1841年開業の世界最初の旅行会社）を利用しないで、駅まで迎えに来てくれたベルン・ホテルの案内人に導かれて投宿した。

折悪しく雨で、窓から夜景を眺めながら床に就いた。実際、お金を使って観光するのもひと苦労だ。ひと月もあちこち巡ると、とくに見物や観光しなくとも疲労を感じてしまう。

それでも翌日の朝、市内の観光案内図を片手に外出した。真っ先に目指すのはやはり美術館と博物館になってしまう。

ホテルの真向かいには屋上に十字架を掲げた議会の建物がある。ベルンの名所のひとつ、国会議事堂である。正門をくぐると古代エジプトの大きな人形の彫刻が迎えてくれ、これを中心にして左右に階段が設けられている。

そこにはフロックコートを身につけた立派な風貌をしたガイドがいて、あの部屋この部屋と扉を開いては丁寧な説明をしてくれる。室内を見渡すと、議会用の椅子と机が整然と並び、大統領の席はやわらかな絹で被《おお》われていた。秘密会議用の小部屋も多くあった。中央会議室には、古代風俗画が壁いっぱいに描かれていた。

スイスは立憲共和国で、上下両院制である。上院は44名で、下院は198名からなり、後者は普通選挙で選ばれる議員たちだ。大統領は毎年選挙し、国家の重大事は国民投票で決定される。

言語は固有のものがなく、ドイツに接するところはドイツ語、フランスに接するところはフランス語、イタリアに接するところはイタリア語を用いている。

この国は美しい自然に恵まれているうえ、とても平和だ。しかも殺人や強盗などの事件はほとんどないという。

また、国家財政も比較的堅実である。

スイス美術は美術史上、特筆すべき点はないし、いまだ世界的に誇れるほどの名画はない。展示作品数が1、2階に約900点もあるのは、ひとえに小国の国民による努力の賜物《たまもの》だ。作品年代は16世紀末から現代にわたっているが、それ以上のことははっきりせず、収集作品の色合いもよくわからなかった。自然が美しい国だからなのか風景画が多く、景勝地を描いた作品が比較的多かった。近代画の中には、まだ成熟してはいないがマチスの影響を受けたものが多いようだ。大作も4、5点あり、古代の織物もあった。朝鮮の織物はなべてよくないものだったので、つい小国スイスの織物と比べてみなくなる。

そこを出て、鉱物陳列館へ向かった。アルプスで産出したさまざまな鉱石物でいっぱいだった。

午後は、馬車で市街地見物に出かけた。市街地全体を河川が囲み、ひときわ高くそびえる丘には木々が生い茂っていて、都市というより郊外の自然の中にいるような気がした。交通は非常に発達していた。行き交う人の中に、他の都市では見たことのないような老婦人たちの古代風の出で立ちが時々目についた。建物はほとんどが色あせており、道路の両側は他の都市同様に街路樹でなく、商店の軒が長く連なって歩道を覆っている。お陰でいくら太陽が照りつけようと、暑くない。あるところでは道路の真ん中に小さな女神の銅像があり、銅像を下から受けている碗に水が滴り落ちる様子が何ともいえないのどかな平和を生み出している。また、イエスの茨の冕旒《べんりゅう》冠の形をした寺院の正面の壁に刻まれた半浮彫の人物像は、東洋的な色合いを放っていた。

歴史博物館にも行った。石器・土器時代の生活方式は洋の東西共に大同小異だと思えた。帰途、人々の後について山林の中へ入って行った。中には広場があって、大勢の男女が酒を飲んだり、菓子を食べたりしているにぎやかな避暑地であった。前方には広い川が流れ、高いところから水が落ちる人工の滝をつくっていた。そこからさらに進むと、なにやらまた不思議なものでもあるかと思い、周りを見渡すうちに、登山電車に出くわした。何も考えずそれに乗った。着いたところは、ただ公園があるだけだった。しばらく散策して、直ぐにホテルに戻った。

パリに到着したのは夜11時頃だった。こんな時間ともなるとタクシーも少なくて、難儀した。しかも料金も倍になる。

もともとパリへは美術とは何かを学ぶためにやってきたのであって、別に観光する気分もなくて、さっさと宿を決め、不十分なフランス語の勉強に取り掛かった。

私たちはそれからも旅行を続けた。

西洋芸術と裸体美――ベルギーとオランダ

ベルギー

8月24日、ベルギーへ行くためにパリ北駅を出発した。フランスでは税関検査がなかったが、ベルギーではあった。検査のとき、タバコとチョコレートはないのかと問われた。

ベルギーの農村を見たところ、フランスの農村とさほど違いはなかった。崩れ落ちた建物が多く、都市に近づくほど世界大戦の影響による崩壊がひどく、衰退した気配がうかがえた。大陸的な気分はまるでなく、牧場もなく、ただ山と川と沼が多少見えただけだった。

午後5時30分に首都ブリュッセルに到着した。タクシー料金を2倍取られた。あまりにも高すぎる。駅は大きく華やかで、プラットホームは市街地より高く、巨大な円形だった。

翌朝、トーマス・クックの車で市街地観光に出かけた。ガイドは少なくとも5、6

か国語に通じており、相手に合わせて各国の言語で話していた。

建物の造りはフランスと違ってとても大きく、土地の起伏が多く、丘陵と池が多い。整然とした建物は各種の工場だ。工業国の様相を見せている。建築の格式の豊かさはフランス以上だ。街路樹の白樺の緑と焼きレンガの建物のアンサンブルは実に美しかった。

王立美術館にはファン・ダイクの「アダムとイヴ、ブリューゲルの「窓際に立つ男」、ルーベンスの「天使と隠者」があった。

ヴィエルツ博物館には「キリストの勝利」、「子供の眠り」、「ワーテルロー」、「19世紀の革命」、「水浴びする女」、「秘密の叫び」、「乙女の教え」、「キリストの居眠り」などが所蔵されていた。

名所の中でも世界第一級というべき建物に裁判所がある。ガイドに、裁判自体も世界一なのかと尋ねたところ、それはわからないとの答えだった。

商業の中心地であるアントウェルペンに着いた。建物が巨大かつ非常に贅沢《ぜいたく》な造りで、壮大な感じを抱かせる。

市役所の前に、有名なブラボー像が見える。

ここで鉄、ガラス、金剛石などを細工、産出し、全世界へ輸出する。

この地に生まれ、スペイン王室の宮廷画家としてヨーロッパ画壇にも大いに影響を及ぼした世界的画家、ルーベンスの生誕300年祭（ルーベンスは1577年生まれなので、1927は誕生350年）だということで、町中大賑わいだった。

運河の国・オランダ

途中、ヨーロッパ最長の橋ムーデクを渡り、オランダ最大都市のアムステルダムに到着した。威厳があり、凛々《りり》しい男女の子どもたちが隊列をなして合唱しながら、元気に歩く姿は見ていてとても愉快だった。

オランダは凹凸にたとえるなら、凸の感じはなくて、ただ凹の感じばかりだ。平坦な野原を疾走すると水の匂いが漂い、地面が低い。運河ばかりで、湖面はあっても山を映すわけでもない。風車が古色蒼然《そうぜん》としているが、しかし新鮮味があって眺めても眺めても飽きない。

フランス風のベルギー、ドイツ風のオランダとよく言われるが、共通通貨を使っているという。2つの大国にはさまれた2つの小国ならではの幸か不幸か。

ホテルは朝食を含め1日分とするところが、他のヨーロッパ諸国とは違っていた。

他の国ではまず陸地があり、その中に川や湖があるが、ここはまず水があり、次に陸地があるという具合で、そこに人々の暮らしの味わいが感じられる。ほとんどの人が水上生活者である。

運河の水面がまさに丘の上にまで達するかのように見え、こちらに曲がっても市街へ流れ、向こう側に曲がっても市街へと流れている。こちらの運河からあちらの運河へと通過する船のために、歩道橋はどれも高くてドーム形になっており、屈曲がはなはだしい。市街地では針を突き刺したような帆柱のせいで、向こう岸の道を行く人の姿が見えない。運河には大きな船もたくさん浮かんでおり、朝鮮靴（いわゆるコムシンのこと。コムとはゴムのこと）のような小さな船も数えきれないほど浮かんでおり、人々を乗せて運んでいた。

運河の丘の上にはさまざまな形をした色あせた古代の建物が建ち並び、まるで建築展示場を思わせる。それらが狭い運河の上で折れ曲がったように見えるのが、また見ものだ。

国立美術館は規模が比較的大きく、ルーベンス、ファン・ダイクの作品などが多かった。フランス印象派の画家たちの作品もたくさんあった。注目すべきは、有名な水彩画が多かったということだ。比較的小品が多く、その他ペン画、エッチング、パステル画など様々なものがあった。

翌朝は遊覧船の客となり、オランダ古代の風俗がそのまま残っているといわれるマルケン島に向かった。

船が狭い運河を通って海に向うとき、それまで閉じたままだった橋が大きく開いて船が通過する光景も見ものだった。さらに目を見開らかされたのは、水の流れが黒く、対照的に運河両岸の丘がすべて緑の芝生に覆われていたことだった。赤い瓦屋根の農家があちこちに散見し、牧草地には黒牛が首を長く伸ばして草を食んでいた。まるで、線を引いたような水路の美しいことといったらなかった。

まさにこの光景は、南画の一大極致を描いた一幅の絵のようであった。

水面が地上より高いなんて、普通想像すらつかない。船上から平地を見下ろすとそれが非常に低く見え、今しも川の水があふれ落ちんばかりの危うさである。

アムステルダム名物のチーズがここで作られているというので、その工場見学をした。

また途中下船し、1420年建築の聖堂を訪れた。

船がマルケン島に着くや、絵画などでよく見かける例の少年少女らのお出迎えだ。白い三角帽をかぶり、腰をぎゅっと締め上げて幅広のスカートをはき、木靴を履いた少女たちと、ボタンだらけの短く赤い上衣を着、幅の広い黒いズボンに両手を突っ込み、木靴の音を鳴らす少年たち——これら一群がわっと押し寄せて、写真を撮るとねだる。撮ったら撮ったで、今度は手を差し出し、お金をねだる。そして後ろを向いて仲間と比べては、つんとしたり喜んだりして大騒ぎだ。

観光がなんとも商業的すぎる。イギリス人、アメリカ人たちがやってきて教えた習慣がこれである。もともと当地の生活の形はまったく飾らない、自然で素朴なものだった。部屋の窓枠は昔の木製のままで、小部屋に大きなベッドを置いたところが寝室というしつらえだった。

夕方の帰るとき、白いカモメの群れが陸地が近いことを知えてくれ、丘の上からいろんな国の国歌が聞こえたのが心地よかった。

ハーグで感慨に浸る

ハーグはオランダの主要政府機関が置かれている都市であり、朝鮮人なら誰もが忘れもしない万国平和会議の開催地だ。1918年ハーグで開かれた万国平和会議に出席した李儁《イチュン》（1859～1907）が席上で憤死したのもここである。

不思議な胸騒ぎがしてならず、彼の孤独な魂が私たちに出会って涙しているように感じられた。彼の墓所を聞いても知る人もなく、やむを得ず、京城にいる彼の奥さんとお嬢さんに絵葉書を記念に送るにとどめた。

次の日はあいにく日曜日でどこも門を閉ざしていたので、仕方なく四角い形をした有名な平和会議堂の庭園を散策し、国際裁判所の看板を見るだけで満足するしかなかった。

それでも、17世紀オランダが生んだ天才画家フランス・ハルスとレンブラントの傑作を見過ごすわけにはいかなかった。17世紀、各国の天才画家たちはイタリアに集まったが、レンブラントは故国にとどまり、自分の才能だけで世界一流の肖像画家になった。ヨーロッパ各国の美術館では、彼の作品がないところがない。ハーグ美術館には彼の傑作のひとつである「解剖教室」がある。医師がメスを手にし、今まさに解剖に取りかかろうとするとき、周囲の人たちが恐怖と憂慮を表情に浮かべる瞬間を切り取った大作である。

夜、ダンスホールを見に行った。男女が皆仮装して踊る様子は壮観だった。

翌日は海水浴場へ行った。砂上にしつらえた急ごしらえの小屋や水上の簡素な音楽堂、どれを見ても端麗な趣がある。

午後ハーグを出発し、パリに向かった。山も丘もない牧草地ばかりのオランダの農村のあちこちに風車が点在し、回転しているときは円形、止まっているときは十字形に見えた。そこから果てしない水路が伸びており、丘に境界線を描くようにして行きわたっている。なんと静かでのどかな国であることか。

ああ、自由のパリこそ恋し

華麗なパリ、陰鬱なパリ

パリといえば、誰しも華麗な都市を連想する。ところがパリへ初めてきた者は誰しも、予想外のことに驚かざるをえない。まず空が暗くてどんよりとしており、女性の服装にしても黒系統が多く、第一印象は華麗とは程遠い。むしろ陰鬱なパリと呼ぶべきだろう。

正直なところ、長期にわたって観察してみてこそ、やっとパリの華麗さが少しでもわかろうというものだ。

パリは、エトワール（凱旋門《がいせんもん》。エトワールとは星の意味）を中心に星の形に道が伸びている。そして建物が三角形に建ち並んでいて、とても美しい。角の家の壁には必ず街名が記されているが、一歩間違えると、方向がわからなくなる。どこの道路も両側には街路樹が立ち並び、中央の車道には枕木ほどの材木がおしゃれに敷かれてある。

歩道には水道が設置されていて、毎朝その水で道路を洗うので、道はガラスのように綺麗だ。

広場の中央にはきまって歴史上の人物の銅像や、噴水台などが置かれている。

パリ市内は路面電車、バス、タクシーがひっきりなしに走り回っている。電車にはアラビア数字が書いてあるので、番号だけを確認して乗車すれば簡単だし、タクシーにはメーターがついており、言葉が通じなくてもその数字どおりにお金を払えば問題ない。

郊外には列車が走り、日曜日ともなると満員になる。そこで重宝がられるのがパリ名物のメトロ（地下鉄）である。地下4階の深さにまで電車が走っているばかりか、ある路線などは、激流の川の下を走ると聞いたときには信じがたかった。地下鉄の駅ごとにタイルの彫刻を施した内部は綺麗なことはもちろんだが、地下道が迷うほど複雑だった。

たった1セント（当時の9銭　現在の150円ほど）出せば、パリ市内のどこへでもあっという間に運んでくれる。地下鉄はメトロポリス社が経営する路線と、ノール・シュッド社が経営する2路線あるが、前者の車両は褐色、後者の車両は緑色である。

ブーローニュの森を始め、リュクサンブール公園、ルーブル庭園など、市街地の真ん中に造成された公園の丘から見渡すと、パリはまさに森に囲まれている。公園内に遊びに適した池があり、噴水があり、競馬場があり、その他いろいろな遊戯施設があって、午後になると男女が散策を楽しみ、母親たちは子連れでやってきては遊んで帰る。

リュクサンブール公園内には名高い歴代王妃と女流詩人らの彫刻が並んでおり、男女の裸体の彫刻の有名作品が多く、それら彫刻の形に合わせた花壇も造られていて、まるで美術館を巡っているような感じがする。

歓楽の都市

パリ市内にある数えきれないほどの劇場があり、映画館は華やかであるばかりか、むき出しの造りで、背景、色彩、人物、衣装など全てが芸術的で、世界に誇れるものばかりだ。著名な劇場としてはオペラ、オペラ・コミック、コメディー・フランセーズ、オデオン、国立劇場、カジノ・ドゥ・パリ、ムーラン・ルージュなどがあり、映画館といえばやはりコモン・パルナスが最大だ。

ムーラン・ルージュにも行ってみた。

ムーラン・ルージュ

ヌードの1人の女が銀色と青緑色の衣装で飛び出し軽快に踊る。さらに羽衣をまとって赤い鳥の羽を頭に差し、金色の宝石を輝かせる女神群像が左右に2人ずつ尻を振り振り歌いながら登場する。7色、5色の金銀の衣装がまばゆい。上衣は顔を隠し、下着は地を這う。長く広げた羽毛扇子片手に、おもちゃのような小さな傘を振り回して左右に分かれた群像は、すぐさま鈴つきの小太鼓を揺らしながら踊り出す。同時に真ん中の女神はダチョウの羽を振り回しながら筋肉的で、奇妙で芸術的な踊りを踊って見せる。

私はこのギリシア風の肉体美に陶酔せんばかりだった。またこの時代の銅版画の影響を強く受けた遠近法と色彩、焦点を合わせた構図の仕方に注目せざるを得なかった。

映画館コモン・パルナスにも行ってみた。床は全て赤紫色のヴェルベットが敷き詰められており、天井は、金色の彫刻が燦然《さんぜん》と輝いている。オルガンの音が足元から響いてきて、左右の壁に取り付けてあるパイプオルガンからはありとあらゆるメロディが流れ出ては、観客の体を包み込む。

娯楽施設の多さで有名なのはモンマルトルである。ここを訪れれば、歓楽のパリの雰囲気を存分に味わえる。ルイ王朝の薫陶を受けた芸術的な気運が普遍化したことにより、卑しさをまったく感じさせない美術的感興がわいて楽しい。軽やかな美女たちがひっきりなしに往来するこの場所に身を置くと、やはりパリは華やかなところだと思わざるを得ない。

ダンスホールは数えきれないほどある。それどころか、普通のレストランでは夕食時には決まって一曲踊って帰るようだ。女性たちの歩き方までダンスをしているようだといわれるくらいで、当然ダンスができない者はいない。コーヒーを1杯求めて席に座れば、人々の踊りを嫌というほど眺めていられるし、自分も心ゆくまで踊ることができる。愉快であるうえ、健康的にもいいのではなかろうか。

街なかには1軒おきにカフェがあるので、疲れた体を休ませるときや頭を冷やしたいときはいつでもカフェでコーヒー1杯で、半日を過ごせる。密会場所としても利用され、読書や手紙の執筆、さらには友人らと話を交わす社交の場所にもなっている。一般にヨーロッパ人の性格はダイナミックで、わずかな間もじっとしていず、また社交的であるため、そばに誰かがいないと耐えられないようだ。

パリ最大のカフェは、カフェ・ラクーブルとカフェ・ドームだ。夜行ってみるとごったがえしで、人種の展示場か思うほど様々な人種が集まっていて壮観だ。カフェ・ドームなど、画家の多いモンパルナスにあるだけにいつも満員である。

デパートはあちこちにたくさんある。最も有名なのはマガザン・ルーブル、ギャラリー・ラファイエット、プランタン、ボンマルシェといったところだ。それぞれに特色がある。


パリの人は軽快かつ機敏なコスモポリタンだ。夏には避暑に出かける人々もいるが、まれに雨戸を締め切って、香水を振りまいて読書や昼寝を楽しむ者もいる。

フランスの樹木は枝がまっすぐに伸びて屈曲がない。これは朝鮮のように荒々しい風が吹かないせいである。緯度が寒帯近くにあるせいか、木の葉があでやかで落ち着いている。害虫もいない。

フランスは早くから中央集権国家である。国の繁華な文明がパリに集中し、他にはこれといった都市がない。パリから1歩出ると貧弱で殺風景なので、健全な文明、健全な国家だと言うことはできない。

ただ物価が安く、人心が平等で自由、そして施設が華麗であるため、フランスは外国人が集まる享楽の地となっているのだ。

裸体美は彫刻作品に限らず切手、紙幣、コインにまであふれている。

フランスの国旗が自由（白）、平等（青）、博愛（赤）であるように、パリの空気はこれら3つに満ちあふれている。

ミュゼの都市

パリには数え切れないくらいの美術館と博物館がある。古代遺物展示館はクリュニー美術館、近代遺物展示館はルーブル美術館、古代美術館はリュクサンブール美術館、彫刻はロダン美術館が有名だ。

ルーブル美術館はルーブル宮殿にある。セーヌ川のほとりに位置し、コンコルドと凱旋門を目の前にする世界で最も華麗な場所である。この宮殿は1204年フィリップ・オーギュスト王が建設し、その後シャルル5世が増築、さらにフランソワ1世がルネッサンス式宮殿に改築した。所蔵品は一流なものばかりだ。

日曜日に、集まった群衆にもまれながらルーブル美術館を訪ねた。鏡のように映る大理石の床の上を歩いていくと、左右に彫刻が並んでいる。とりわけ名高い「ミロのヴィーナス」、「オクタビアヌスの胸像」、「カリギュラ皇帝の胸像」が見える。階段の上の正面で最初に挨拶をしてくれるギリシアの女神の胸像は、美しい肉体の頂点を見せてくれる。

絵画第1室から順番に、ギリシア、イタリア、オランダ、スペイン、フランスの展示室が、ずらり並んでいる。作品数が千点を超すが、中でも有名なジョットの「マドンナ」、ダヴィンチの「モナ・リザ」、ラファエロの「聖母」「聖家族」、コローの「春」、ティツィアーノの「ユピテルとアンティオペ」「聖ヨハネの洗礼」、ルイーニの「サロメ」、ファン・ダイクの「チャールズ1世」などは、観客の頭を下げさせずにはおかない。

ルーベンスの部屋を経て2階の別室に向かった。ここでは19世紀印象派の代表作が2つの展示室に陳列さ

「ああ、自由のパリこそ恋し」より　　雑誌『三千里』1932年1月号

欧米漫遊1年8か月間の私の生活はこんなふうだった。

髪を短く切り、西洋の服を着、パンを食べお茶を飲み、ベッドで寝、スケッチ・ブックを片手にアカデミーへ通い、机に向かってフランス語の単語を覚え、時には恋の夢を描いたり、将来絵の大家になる空想をしてみたりした。

興に乗じれば踊りだし、時間があれば演劇場へも行った。

李王殿下や各国大臣の宴会の席にも参加し、革命家を訪ね、女性参政権論者とも会ってみた。フランス人家庭の家族にもなってみた。その気分は女性として、学生として、娘としてであった。

実際、朝鮮女性としては味わえない体験で、経済的にも、感情的にも障害となるものは何ひとつとしてなかった。

れていた。セザンヌの傑作の1つである「林檎《りんご》」と「カード遊びをする人」、モネの「印象」、シスレーやマネの作品にも会うことができた。

地下室に下りると、数千点もの彫刻が陳列されている。言うまでもなくギリシア、イタリアから持ってきたものが多かった。

暖かい春、陽炎《かげろう》が立つ頃、ルーブル宮殿の庭園の周りの花壇を回り、女神像の噴水の前でしばらく足を止めて、歴代の人物の彫刻を鑑賞し、さらに左右に生い茂る森林の間を歩くと、それこそ人間世界でなく、別天地だ。

ルーブル美術館入り口

私の泊まっていたホテルの近くに、垣根ひとつと瓦屋根の一部のみを残した千年前の建物である宮殿があった。クリュニー美術館である。ここには主に13世紀の遺物が陳列されているが、フランスのものが多い。有名なものに「女のバンド」があり、これは女性の陰部に錠をする貞操帯である。男が戦場に出かけた後、妻が不貞を働かないように、鍵をかけておくのだ。

庭園には当時作られた彫刻が、あるいは色あせ、あるいは腕が落ち、足が折れたり、鼻のゆがんだものがたくさん並んでおり、また当時宮殿の浴場だった場所に青いコケが生えていて、おのずから遠い昔をしのばせる。

リュクサンブール美術館はリュクサンブール公園の中にある。通用門の両側に彫刻がある。陳列館の廊下には、通路だけを空けておいて白、黒、黄色の大理石、石膏《せっこう》、花崗岩の女神、それに男や子どもの彫刻が並べられていた。どれから先に見ればいいのか、迷うくらいだ。

10の部屋に分けて展示された絵画を観て回る。19世紀と20世紀の名作が並べられていた。印象派の3人の巨匠、セザンヌ、ゴッホ、ゴーギャンの作品が多く、モネ、マネ、ピサロ、シスレー、ルノワールらの名作、それにブラマンクら20世紀の画家の特色ある作品などが目に入る。サロン美術展覧会で推薦されるか、特選もしくは入選すれば、直ぐに国宝としてリュクサンブール入りし、10年後にルーブルに移されるという。

パリの画家の一日

現在のフランス美術界は、フォービズム（野獣派）が勢いを増している。すなわちピカソ、ブラック、マティス、ドランらの絵が大きな位置を占めている。今や誰であれユニークなタッチさえ創造できさえすれば、すぐに大家と同列に並ぶことができる。その名声が全世界にとどろきわたる。こうしてみれば、画家は創作によって名を馳《は》せるのだ。

初めてパリに来て美術館やギャラリーの絵を眺めていると、そのすばらしさに圧倒され、自分の存在があまりにもみすぼらしく感じられ、一時的に希望を失ってしまう。たとえば今ここにスケトウダラの卵の粒がひと塊あるとして、大家の絵はそのひと塊に見え、自分はその中の卵のひと粒に過ぎないと感じられる。従って美術界の事情や流れを理解して研究にまい進しようとすれば、かなりの彷徨《ほうこう》と苦労を覚悟する必要がある。

パリ市内には、画家が5万人も住んでいるという。ほとんどが外国からの留学生だが、絵を売りながら勉強する人もいる。名画に大金をつぎ込む人もいるほどだから、傑作を描き出せば大金が手に入り、あっという間に豪華な暮らしができるかもしれない。一方で、ほとんどの画家は貧しく辛い暮らしを強いられているのが実情だ。挙句の果てには、ネズミを捕まえ焼いて食べるといった、とてもひどい話まである。

パリの画家ほど神経質な者はいない。尋常でなくユニークなものなら何でも見聞したがり、時には自分でも実行してみたがる。彼らの朝寝坊は有名で、昼近くまで寝ている。起きてパンとお茶で簡単に朝食を済ませると（パンがなければ食べないことさえ多いらしい）、腰にエプロンを巻き、タバコを口にくわえ、イーゼルの前に座って首をかしげながら前日描いた絵を眺めている。そのうちモデルがやってくる。モデルがヌードもしくは服を着たままポーズを取ると、画家は絵を描き始める。時に気に入らないとナイフでキャンバスを突き破ったり、また時には愉快に歌を口ずさんだりするという。

昼過ぎまで描いてモデルを帰す。簡単な昼食を済ませてから、午後は頭を休めるために友人のアトリエを訪ねたり、あるいはギャラリーや展示会場へ出かけ、今悩んでいる難題解決の糸口を模索したりする。

パリの市街設備、公園施設のどれひとつを取ってもすべてが美術品であるのはもちろん、演劇、映画も何ひとつ美術品ではないものはない。

それに、画家の気分を転換させてくれるものがダンスホールである。画家たちの住むところであるだけに、モンパルナスには安くて質素なダンスホールが多い。楽団が思い切り肩でリズムをとって踊りながら楽器を吹き、たたけば、それに合わせて男女が得意になって抱き合い踊りだす。画家たちはこのように酒を飲み、興に入ると笑い、踊って夜をすごし、翌日はさっぱりした気分で絵を描き始める。

演劇、オペラ、映画のどれを取っても、絵の素材ではないものはない。画家がいてこそのパリであるかも知れない。パリは画家を呼び寄せる。

寺院なのか美術館なのか

サン・ドニ大聖堂前には、大きな広場が整備されている。広場から見ると、古色蒼然とした大聖堂の全体が一望できる。歴史的に見ると、ロマネスク風の教会建築が古典主義様式へと変遷する初期の建築物として美術史上珍しく貴重なものである。前面に見える塔はゴシック様式の特徴を備えている。聖堂の内部には巨大な柱、そして小窓がたくさんあってうっすらと光線が差し込み、かろうじて前方が見渡せる。

パンテオンの左後方には、サンテティエンヌ聖堂が位置している。１５１７年から41年にかけて完成されたゴシック様式の三角形の建物だ。入り口の装飾はルネッサンス式で、内部は、窓や天井やアーチ形が古典主義様式だ。このように、形式が矛盾する２つの様式が同じ建築物に採用されている。

サン・シュルピス聖堂は17世紀にレブという人が設計したが、後に18世紀フィレンツェの建築家が設計し直したのだという。前面は上下2つに分かれており、内部の右側にある礼拝室にはドラクロワの壁画がある。

マドレーヌ寺院は、ナポレオン1世が凱旋の記念に建てた。ギリシア式建築物で中は暗いが、そこに置かれたパイプオルガンはパリ随一のものだという。よく知られた彫刻、絵画が綺麗に飾られており、寺院の外にも有名な人の肖像彫刻が置かれている。

ノートルダム寺院は19世紀初期に作られた、ロマネスク、ゴシック様式などが混じった建物だ。美術史において有名なだけではなく、ヴィクトル・ユゴーがその屋上の部屋で『レ・ミゼラブル』を書いたということでもよく知られている。この寺院はセーヌ川の中洲であるシテ島にある。元来パリというところは、この島だけであったという。この寺院には富豪や貴族の信者が多い。代々の司祭が使った宝物、またナポレオンとその妃、ジョゼフィーヌの家具や調度品を収蔵している。

パリのあれこれ

シャンゼリゼをまっすぐに行くとエトワール、すなわち凱旋門に出る。先述のように、エトワールとはフランス語で星のことだ。ナポレオン1世が1805年戦勝（戦《せん》捷《しょう》）記念として建てたものだ。この凱旋門を中心にして、パリ市内は12の道路が放射線状に延びている。凱旋門に登ってみると、実に美しく作られていることに気づく。門の前と後ろに戦時の状況が刻まれており、下方には第1次世界大戦時に戦死した無名の勇士のために香炉が置かれている。

コンコルドは世界一の華やかな広場で、よく耳にする不夜城を思わせる。かつてここにルイ16世の断頭台が置かれたが、今はナポレオンがエジプトから奪ってきた碑石（オベリスク）が天を突くように立っている。黒ずんだ銅でできた女神らが支えている噴水の正面には、すぐ近くにマドレーヌ寺院が見える。右手にはルーブル宮殿が見え、左手の凱旋門が見えるシャンゼリゼ通りは自動車の往来が絶えることなく、まるで織物のように複雑で稠密《ちゅうみつ》なところが、美的極致に達している。どれを見てもルイ王朝の影響を免れたものがない。

金色の女神像が空に向かって飾られ、行き交う人々から尊敬されているアレクサンドル3世橋を渡ると、１９００年の万国博覧会のときに建設されたグラン・パレ、プチ・パレの2つの大きな建物が見える。一年中各種の展覧会が開かれている。とりわけグラン・パレには春秋に開催される美術展覧会に、数万名の画家と観覧客が訪れる。

パンテオンはリュクサンブール公園の前にある新ギリシア式の建物だ。国家に貢献

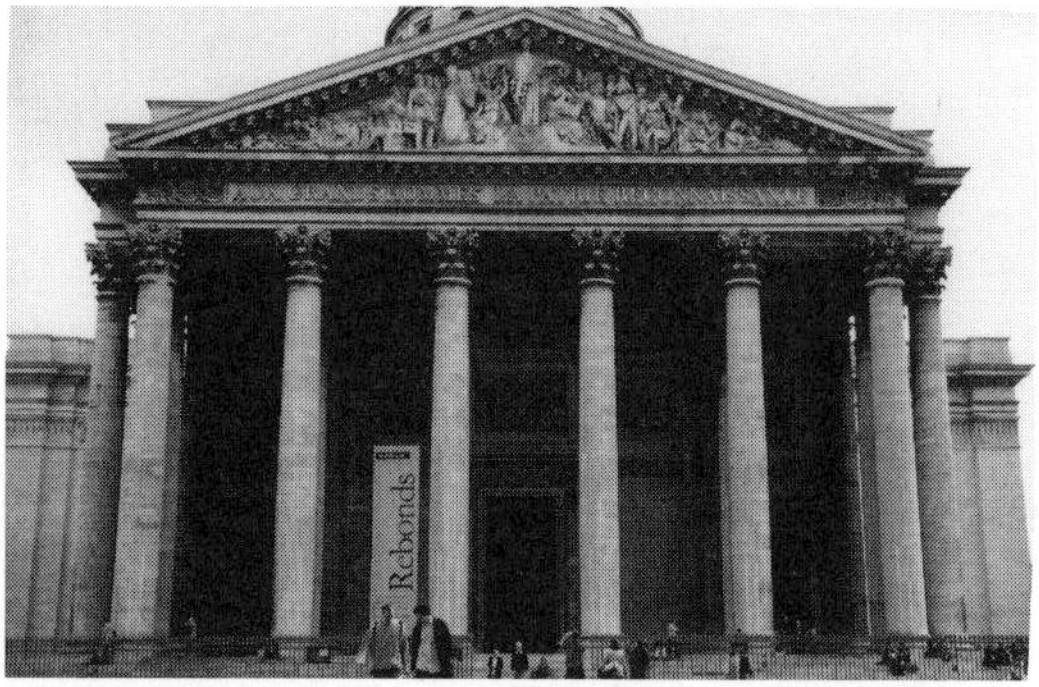

パンテオン

が大きかった偉人や世界的な文豪、政治家らの遺体を納めた共同墓地である。ここに入る人はたいてい国葬を執り行い、当時の大統領の手で葬られたという。埋葬されている重要人物の名を挙げると、社会哲学者ジャン・ジャック・ルソー、作家ヴィクトル・ユゴー、政治家カルノー、政治家兼雄弁家ジャン・ジョレス、文学者ヴォルテール、エミール・ゾラといったところである。

エッフェル塔はすべて鉄でできており、設計者の名を取ってエッフェル塔と名づけられた。1889年万国博覧会の際に建てられ、高さ300m（厳密には320m）だ。（当時としては）世界一の高い塔である。エレベーターで昇って眺めると、灰色に曇ったパリが一望できる。セーヌ川はまるでか細い帯のようであり、パリの八百八町がすべて見渡せる。塔の下は公園になっている。パリのどこでも、この塔の見えないところがない。

現在フランスの最高知性を代表する機関はアカデミー・フランセーズだ。社交界の花形、マダム・デ・レガミエが中心となって17世紀中頃、各派閥間のいさかいを融和させ40人の会員制で組織したのが始まりだという。このアカデミーからフランス語の本格的な辞典が生まれ、フランス語の検討がたえず行われる。

「死後パリ中央に埋葬されるのを望む。これは余が愛するフランスおよびフランス人から離れたくないがゆえだ」

ナポレオンの墓

これはアンバリッドの墓地に刻まれたナポレオンの遺言である。

アンバリッドとは傷痍《しょうい》軍人の意で、戦争で負傷した人のためにルイ14世時代に建設されたものだ。屋上はドーム型になっている。ナポレオンの墓は建物中央の地下室にあり、巨大な赤黒色の大理石（イタリアのピサから取り寄せたもの）の蓋がかぶさっている。内部には宗教画、英雄画が飾られ、墓の前後左右には守護神のような侍女と仙女の彫刻が施されている。

一方、2階の陳列館には歴代の軍事兵器のほかに、戦時に用いられた多くの国旗がちりぢりに引き裂かれたまま並べられてある。私たちの崇拝するジャンヌ・ダルクの馬上の銅像もそこにあった。

11月1日の祭日（諸聖徒日。すべての聖人を祝福する日）には、ペール・ラシェーズ共同墓地を訪れた。大統領フェリックス・フォール（フランス第3共和国の大統領。在位1895〜99年）始め、多くの人々が埋葬されている。正面には客死した屍《しかばね》の彫刻が見られ、火葬された人は壁に名前が刻まれている。数万の群衆が行き来し、それらの名前には涙の痕跡が見える。

赤い大理石の柱、コリント様式の回廊、森、噴水、花園、石像、王朝の遺物など……実にルイ14世時代は芸術の隆盛時代だっただけでなく、その芸術魂はフランス人の骨の髄にまで染み込んでいるといえそうだ。

2億数千万ウォンで建設された華麗なヴェルサイユ宮殿は、今では一般に公開されている。内部の装飾にはドイツ、オランダ、スペインに対する勝利の意味が込められており、築造を指示したルイ14世は自負心の強い民族的な指導者で、芸術科学の保護者としてもあがめられていた。ヴェルサイユ宮殿は、とりわけ鏡の間が有名だ。

1783年アメリカ合衆国独立の調印式、18世紀フランス革命時の共和条約調印式、普仏戦争後の1871年プロイセン王ヴィルヘルム1世の統一ドイツ皇帝即位式、世界大戦後の1919年の講和条約の調印式などもヴェルサイユ宮殿で行われた。

やさしく奥深いフランス女性

私がフランスのパリに滞在中、ちょうど古友《コウ》先生（1878～1958。3・1独立宣言民族代表33人中の一人崔麟《チェリン》の号。彼は欧米歴訪中の1927年パリに立ち寄り、そこで羅蕙錫と出会い、後に世間を騒がせる恋愛事件を起こした）がいらして、有力な人の紹介で通訳を一人連れ、3人で郊外列車に乗り、弱小国民会副会長シャレーさん（フェリシアン・シャレー。朝鮮の植民地化に反対する知識人らと共に1921年「韓国親友会」を結成した平和主義者。3・1運動真っ盛りの1919年3月に訪朝。崔麟は1927年ベルギーのブリュッセルで開かれた被圧迫民族大会参加の途中立ち寄ったパリでシャレーと出会う）宅を訪問した。そこは京城近郊の永登浦《ヨンドンポ》へ行くほどの短い距離（4、5キロほど）にある別荘地で、彼の義父が亡くなるときに譲ってもらった別荘である。

あらかじめ約束をしておいたので、正門の紐を引っ張ると、シャレーさんが自ら扉を開けてくれた。門をくぐると、あたり一面樹木が鬱蒼《うっそう》とし、芝生にはありとあらゆる花が咲き乱れていた。瀟洒《しょうしゃ》な洋館へ歩を運ぶと、控えめでもの静かな夫人が出迎えに出て来て書斎に案内してくださった。そこは書籍が山積みで、各種骨董品《こっとうひん》や世界各国の国旗が集められていた。

古友先生とシャレー氏のふたりは政治談議をし、シャレーさんは日本を2度訪れたこと（桜の花と日本女性の姿がよかったという話）や、朝鮮に1度行ってきたその感想などを話した。剣のような恐ろしいものを手にして踊るのを芸術にまで昇華したカルチュム（剣の舞）を目のあたりにして、それくらい朝鮮民族は善良で平和な民族であることがわかったなどという話を面白く聞いた。彼は朝鮮に好感と同情を抱いており、1919年の3・1独立運動のこともよく理解していた。

夫人はフランス女性参政権運動会会員で、家庭に忠実な良妻賢母であり、堅実な社会活動家であった。この日の訪問後もう1度訪れたとき、私が他での宿泊を望んだにもかかわらず、夫人は有無を言わせず、自分の家に泊りなさいと言った。私はむしろうれしくて、それに従った。このとき、夫はベルリンに行っていた。それ以来3か月間も、シャレーさんの家族と寝食を共にした。

この家の家族構成は、50を過ぎたシャレーさん、40歳前後の夫人、18歳、16歳の娘たちと7歳の息子、そして私を含めると合わせて6人家族だった。

家屋は木造で、実用的にできていた。1階には書斎兼応接室、そして食堂がある。家の中はどこもシャレーさんが旅行で集めた物を雑然と並べている。

2階の部屋が私に当てがわれ、並んで2人の娘さんの部屋と夫婦の部屋、そして浴室とトイレがある。

3階には裁縫室と息子さんの部屋がある。息子さんの部屋は壁、椅子、机、本棚の全てを真紅で統一し、色彩教育に神経を使っているようであった。

朝、娘さんたちが真っ先に起きる。夫人がパンとお茶を運んでくれ、ベッドでなんとか食事を済ます。洗顔後、シャレーさんは学校へ、夫人は自分の事務室へ、娘さんたちは中学校へ、そして私はアカデミーへ出かける。

留守番を誰がするかというと、7歳の息子さんと、そして1匹の犬である。夕刻帰宅するとまず犬がほえ、次に息子さんが3階からはね上げ戸を開けて「だあれ？」と尋ねるのが、なんとも愛らしい。

平日の昼食は、弁当を作って出かけるが、日曜日や祝日にはレストランに頼み、出前を自転車で運んできてくれる。

夕べの食卓を家族が囲む。私の席はいつも主賓席で、シャレーさんの右隣りである。シャレーさんが親切にも、

「マダム・キム、今日は絵がうまく描けましたか？」

と一言いうや、夫人がすかさず、

「ええ、ええ。今日出来上がったのを見たのですが、ずいぶんとよくできていましたよ。ビシエール（ロジェ・ビシエール。フォービズムとキュービズムの影響を受けた画家で、アカデミー・ランソンの教師を務めた。羅蕙錫はそこで彼の指導を受けた）の影響をずいぶん受けたようですね」

このように話が始まると、シャレー氏は友人らの話題を、夫人は仲間らの話題を、娘さんたちは道で見かけた話をそれぞれ手ぶり足ぶりまじえ、いやいやそればかりでなく目ぶり鼻ぶりとも言うべき表情もまじえて話す。全員腰が砕けるほど談笑を楽しむ。時々私が下手なフランス語でとんちんかんなことを言うと、また大笑いになる。そんな時いつもシャレーさんは、私が照れくさがることを気遣って、知らぬ振りをし、ぐっと笑いをこらえる。

夕食後は庭を散歩したり、ピアノを弾いて踊ったりする。私が夫婦のどちらかと組んで踊るのを眺めて、夫婦ともども大いに喜ぶ。

また、皆でラジオを聴いていると、夫人が時計を見て「時間よ」というと、娘さんたち、私、息子さんは両親にキスをして各自の部屋へ行き、書斎には夫婦二人きりになる。

ある日の夕方、台所に水を飲みに行く振りをして様子を伺った。二人は鳩《はと》のように身を寄せ合い、何やら話し合っており、睦《むつ》まじさといったらない。二人はその日の出来事を互いに伝えあっているようだった。彼らの前には当日の各種の新聞が広げられていた。このようにどこから見ても和やかな家庭であった。

愛嬌のある夫人はいつもにこやかで、几《き》帳面《ちょうめん》で細やかだ。そのうえ、つましく家事の切り盛りが上手で、なおかつフランス人女性として上品で奥ゆかしく、しっとりと落ち着いている。不思議な魅力のある女性だ。強さと弱さをあわせ持ち、無駄なく節度のある暮らしぶりは何とも見事だ。そのうえ余裕のある生活はまさに芸術そのものだった。夫に優しく、子どもたちに厳しく、友人に親切で、飼い犬にまで慈しみをもって接する態度には本当に感服せずにいられなかった。そのうえ学者の家庭なだけに、つましい暮らしぶりで、主人以下子どもまで洗面用の水も各自がくんでくるし、食べ終わった後の食器も、それぞれ自分で台所へ持っていく。

時々、演劇、オペラ、映画などの招待状が舞い込んでくると、犬に留守番を頼んで出かける。帰りにはカフェに立ち寄り、お茶や食事を楽しんでいる。

夫婦ともに子ども好きで、ぴょんぴょん跳ね回ると母親は頬《ほ》っぺにキスしてあげ、父親はにっこり笑いながら私にそっと、「朝鮮の子らもあんなふうでしょ?」と尋ねる。私は何とかフランス語で「ウィ、レ・メーム、ムッシュー」（はい、全く同じです）と答えて大きく笑ってみせる。娘さんたちはというと、真っ暗な道端で（郊外だから）たった今見てきた演劇のまねをしながら、抱きあって踊っている。シャレーさんは手をたたきながら「トレ・ビアン、トレ・ビアン」（いいぞ、いいぞ）と囃《はや》す。このように、この家庭はいつも明朗かつ愉快である。

夫人は毎月、新聞や雑誌に寄稿しており、また、女性の参政権に関する著作もある。実物を見せてもらって感動したが、さて内容を充分つかめないのがかえすがえすも残念だった。彼女は集会や宴会によく出かけるが、そのたびに決まって夜会服を着て私の部屋にやってきては、「どう、これ?」と言いながら、横を向いたりして愛嬌《あいきょう》を振りまく。必ず夫婦同伴であり、帰りには面白い玩具を買ってきたりして、食卓の上に置いては家族の皆を笑わせる。

相手の意見に異論を唱えることが大好きなこの私が、もし外国語さえできればもっと得るものが多かっただろうにと思うと、とても残念だった。

ほとんどのパリ女性が値段の安い布地を買って衣服を作っているのに、驚きを感じえなかった。この家の娘さんたちも日曜日には、床に布地を広げて外套《がいとう》とか帽子などを作る。仕上がったものを見ると、街の店で売っているものに比べてほとんど遜色がない。

パリの女性は自分の容姿をよく知っていて、自分の体格、顔に合うように服装を合わせる。ルイ14世の真髄がフランス人の国民性とうまく融合しているせいか、人間そのものが芸術品に見える。

この家の幼い息子と同い年の女の子が、隣家に住んでいる。子どもたちの遊びを見ると、垣根を間に挟んでこっちの子はこちら側、向こうの子はあちら側に座って、手を動かしたり話し合ったりするだけで、けっして垣根を越えない。隣同士であっても、遠慮やけじめを心得ている道徳文化がいかに徹底しているかがわかる。この家の男の子が小学入学準備のため、毎日1時間ずつ母親からフランス語読本を習うが、隣の家の女の子も一緒に習う。時間になると、女の子は直ぐ出入できる垣根の隙間からではなく、きちんと正門から入ってきて正式に挨拶をする姿に、感動すら覚えた。

幼い男児が朝夕食のたびに、食べ終わると食器を台所にまで運び、姉たちは後片付け、食器洗いをすると布巾で拭き、寒い朝でも階段に雑巾がけをする。男の子もまた、幼い頃から女の子と変わりなく自分のことは自分でしている。

夫人は毎朝起きるとすぐに、犬、鶏《にわとり》、兎《うさぎ》、猫《ねこ》の世話をする。餌《えさ》をやり、なでてやり、キスをし、病気のときにはかわいそうにとさすってあげる。

今でも年に1度年賀状をやり取りし、安否を尋ねる。このたびも長文の賀状が送られてきたが、見ると、ぜひ朝鮮見物をしたい、とある。

ベルリンの夜明け

科学の匂いを嗅ぐ

夫はすでに3か月前にドイツのベルリンへ行き、滞在中だった。私は12月20日にパリ北駅からベルリンに向かった。乗客にはドイツ人が多かった。ドイツ語の「ヤー、ヤー（Ja, Ja)」というのは、フランス語の「ウィ（Oui)」や英語の「イエス（Yes)」と違ってやや控えめな感じがする。

国境ではパスポートの検査が厳しかった。山中に小さな駅が多かったが、乗降客がほとんどなく、荷物がどっさり山のように積んであるだけだ。ドイツの農村は土地利用がフランスより優れている。そして、ところどころにライン川の支流が流れているのが美しかった。山林の生い茂っている中でも、特に白樺の木がよく日に付いた。

翌日の夕方7時にベルリン駅に到着した。

タクシーで夫の宿所に行き、荷物をほどこうとしているところへ、駅から無駄足を踏んだ夫とS君が帰ってくる。

私が着いたとき、ベルリンは大雪で、吹雪が激しく、寒さも厳しかった。ひと月ほどとどまったが、かなりの厚着でもしない限り寒くて外出は無理で、これといった見物はせずに、ただ重要な所だけを見て済ました。

ドイツは科学と音楽に限らず、文学においても隣国フランスと先頭を競い合っている。ドイツ人は質素で忍耐強いという。

ベルリンは電車、バス、タクシー、地下鉄が休みなく走っていて、大都市の活気がみなぎっている。交通警察官が棍棒《こんぼう》を振りながら交通整理を行うが、交差点には必ず空中や地下に電気信号機が設置されており、赤がともれば進行、青がともれば停止である。非常に合理的で、見ていて軽快だった。すべてに科学の匂いが漂っている。

ポツダム宮殿

世界大戦の頃、天下を騒がしたカイザー（皇帝）が住んでいた宮殿である。2階には皇帝室、皇后居室、謁見室、化粧室があり、皇帝夫妻が使用していた器具が置かれている。建物は意外に小さく、内部も質素であった。宮殿前の国会議事堂の入り口に凜々しい銅像が見えたので、誰だろうと確かめると、ビスマルクだった。

パリ近郊にヴェルサイユ宮殿があるように、ベルリンにも近郊にポツダム宮殿がある。ポツダムはブランデンブルク州の州都である。ハーフェル川に高くそびえるヴィルヘルム橋を渡ると、ヴィルヘルム1世の銅像と両側に8基のプロイセン兵の銅像が立っている。ポツダムの市街地にはドーム型の寺院が多く、退廃した雰囲気が充満していた。

共同食堂で昼食を済ませ、また見学に出ようとしたとき、フリードリヒ大王時代に1日に1度必ず鳴らして、民心の安静を図ったという鐘の音が高らかに鳴り響いた。公園の正門をくぐると、左右に銅像が軍隊のようにずらりとたくさん立ち並んでいる。時節はちょうど降雪後で見渡す限りの銀世界だった。それで、忠臣烈士の肖像は雪に隠れて見ることができなかった。文人、音楽家の記念像も多かった。

フリードリヒ大王が設計した丘の頂上に建てられたサンスーシ宮殿に着いた。この宮殿はおよそ180年前の建物で、規模や内部の装飾はフランスのヴェルサイユ宮殿に引けを取るが、部屋ごとの色彩と装飾に特徴があった。孔雀《くじゃく》の間、琥珀《こはく》の間などの特別室があった。大王自身が哲学者、美術家で、そのうえ博覧強記であり、建物の内外部の設計を自分ですべてこなしたという。また女性の宮殿への出入りを厳禁にして、読書に没頭したという。

　庭園には大王の愛犬の墓があり、風車が1基残っている。宮殿建設のときにこの風車を取り壊そうとしたところ、持ち主がこれは家族が生きていくのに必要なものだと哀願し、それを大王が許可したため今日まで残ったという。

　マルク博物館、旧博物館、新博物館、国立美術館、フリードリヒ記念博物館を見て回ったが、特別なものはなかった。最初の2館には昔の遺物と彫刻が多く、次の2館には絵画が多く、最後のフリードリヒ記念博物館にはルーベンス、ファン・ダイク、ティツィアーノの絵が多かった。

　ベルリン旧市街も見て回った。当時のニコライ宮殿だった小さな家と庇《ひさし》の低い民家、狭い道路など、到底今のドイツの文明と比較することはできない。

　フリードリヒ・ヴィルヘルム宮殿はヴィルヘルム1世の宮殿で、室内に金銀宝石をたくさん陳列してあった。

　有名なドイツの音楽会に出かけた。ベートーベンとヴァグナーの曲の演奏会だったが、数百人の団員が管弦楽を合奏するのだから、観客はとてもワクワクし、天にも昇る心地だった。

ベルリンの夜明け

欧米諸国では、クリスマスのときに新年のお祝いも兼ねて挨拶を交わし、プレゼントを交換する。クリスマスと年末年始のお祝いは分けて考えられない。従ってお祝いの手紙にも、決まってこの二つを兼ねて書く。

12月初旬ともなれば、あちこちの商店には樅《もみ》の木が並び、その陰からプレゼントにする商品を売る。プレゼントを売る夜市まで開かれ、人々は寒さにぶるぶる震えながらもどっさり買いこんで帰る。

クリスマスが近づくとあちこちの店では、松や櫟《クヌギ》などの枝を売りに出す。

この日の夕方、ベルリン最大の教会を見に行った。教会堂を飾るクリスマス・ツリーと、男女コーラスの清らかな賛美歌に包まれ、身心ともに幸せそのものだった。この日は正月を兼ねた祝日ということで、プレゼントを手渡してから、きちんと整えられた食卓の前でお酒を酌み交わしながら、思いのたけ遊ぶのだ。

大晦日《おおみそか》の夜だ。私が泊まっている宿の女主人が買ってきたばかりのビール片手に入ってきて、凍えた手を暖炉で温めながらしくしくと泣き出した。私はびっくりして、どこか怪我《けが》でもしたのかと尋ねた。そばにいたS君が目配せをする。私は彼のそばへ行ってささやくように「どうして？」と訊《き》いた。すると「亡くなった夫のことを思い出して泣いているのですから、そっとしておいて」という。聞いていて私もいつしかもらい泣きした。女主人は私たちのためにテーブルに蝋燭《ろうそく》を立て、ビールとワイン、それに牛肉料理を出してくれた。みんなでいろんな話を交わし合って時を過ごした。

その日の夜12時のことだ。四方から教会堂の鐘の音が鳴り響く。静かだった夜が突然騒がしくなる。女主人が杯を手にするのを見て私たちも杯を挙げた。皆一斉に立ち上がり新年を祝った。

女主人が大急ぎでに台所に走っていった。私たちも後に続いた。女主人はあらかじめ準備しておいた蝋燭を取り出し火で溶かす。そして私たちに、溶けた蝋《ろう》をひと匙《さじ》ずつすくって冷水を入れた容器に入れろという。冷水の中で固まる蝋の形をいちいち確認し、「お前はお金持ちになる」、「お前には恋人ができる」、「お前は成功する」などと占ってくれる。どんなに面白かったことか。

近隣の家の窓という窓が一斉に開く。人々は窓から身を乗り出して色紙のテープを投げ合い、互いの窓をつなぐようにして新年を祝う。そうして一斉に道路に出て踊ったり、カフェでお茶を飲んだりする。

私はS君に頼んで街へ繰り出した。ところがどうしたことか、足に色紙がからみ、そのうえ、ごった返す人波のせいで前へ進めない。酔っ払いや奇妙な帽子と服を身につけた人がいるかと思えば、太鼓たたきの一団があちこちにぶつかりながら押し合いへし合いしている。

この日に限り、男性はどの女性にキスしてもいいとされている。それで追いかける男性と追いかけられる女性の影が随所に出没する。びっくりするくらいの大声でキャーキャーわめく声が四方から聞こえてくる。

私は一緒にいたS君に、

「どう、うらやましくない？　私が特別に許可するから、あなたも一度やってみなさいよ」

「やってみようか」

および腰で、一人の女性を追いかける。女性は叫びながら逃げる。戻ってきた彼と出くわした。Sはげらげら笑いながら、

「ああ面白かった」

「で、どうだったの？」

「あの女性ったら、大声を上げて逃げ出したから、これは本気なのかと……これじゃ、どうしようもないと引き返してきましたよ」

二人で大笑いした。笑ったことが裏目に出たのか、ある男が私の肩をたたいた。私

はびっくりして逃げ出したが、すぐにまた捕まった。Sが、「それご覧。僕のことをからかったから、罰が当たったんだよ」

楽しく遊ぶ人たちを後にしての帰り道、なぜだかわからない寂寞《せきばく》と悲しさが胸中を埋めつくす。目を閉じて遠い故国の風景を描いてみると、声にもならないため息が喉に絡まる。

映画館にも行き、またオペラも見に行った。ちょうど「カルメン」を上演していたのでうれしかった。一番好きなオペラだったからだ。

ドイツ人は理想主義的で、忠実かつ親切で、名誉心が強い。エネルギッシュな活動力があり、意志が固く、組織的で計画的だ。さらに自己犠牲の精神、義務感そして服従心が強いのだといわれる。

1月4日、ドイツを出て再びパリへ戻った。

イタリア美術を求めて

私がパリにいる間、夫はヨーロッパ諸国を視察し、そしてイタリアだけを残して帰ってきた。

そんなこんなで3月23日、私たちは美術を求めてイタリアに行くことになった。

イタリアは美術の国だ。この国の美術は古代ローマ時代から17世紀に至るまで世界的な名声を維持してきた。15世紀前後のルネッサンス期にイタリア美術は建築、彫刻はもちろんのこと、特に絵画はそれ以前の時代とは比較にならないほど隆盛・発展した。まことにルネッサンス期のイタリア絵画は、人間の能力の極みに達した。そのため、美術史上多くのページを占めるのがイタリア・ルネッサンス期の絵画であり、世界的な作品として評価されている。歴代の名画家がその頃の絵画から大いに影響を受けたし、現在画家らがイタリアを訪れるのも、ひとえに当時の絵を鑑賞するためである。

フランスの村にも春がやってきた。木の枝には青々とした葉が付き、木陰には草が生え、梅桃《ゆすらうめ》、桃、西洋梨の花々が咲き誇る。農夫たちは2頭の馬を先立てて畑を耕し（ヨーロッパではよく馬を使う）、ところどころで見かける色あせた赤レンガ造りの家の庭には、すき間なく野菜と草花が植わっている。

ミラノで出会った「最後の晩餐」

夜11時にフランスとスイスの国境を、ついで午前3時に今度はスイスとイタリアの国境を通過するので、ろくに睡眠がとれなかった。

杭《くい》を打ちつけてこちらはどの国、あちらはどの国と区分けし、服装の相異《あいこと》なる税関官吏が大勢やってきては躊躇《ちゅうちょ》なくパスポートと荷物の検査を行う。国により異なる服装を眺めているのも結構楽しいものだ。午前6時30分にようやくミラノに到着した。

ミラノは人口１００万にも達するイタリア第二の都市だ。そのうえ商業の中心地である。

市街の設備や建築に格別な点は見られないが、ただ目を引いたのは女性の容姿である。赤ら顔で輪郭がはっきりせず、表情は純真な感じがし、濃い黒髪がふっくらとして豊かだ。噂《うわさ》では女性は子どもをたくさん産み、12、13人兄弟《きょうだい》姉妹というのもざららしい。

道中で知人と出会った。花岡という東京出身の男性で、昨年スイスのベルンで映画鑑賞に行ったときに知り合った。こんなところで黄色人種と出会うとは、実に意外なことである。

ドゥオモ聖堂は世界一の聖堂だ。北方にそびえるアルプス山脈と壮大さを競うために建てたという伝説があるくらい、白い大理石造りの壮麗な建築物だ。長い期間に及ぶ工事と論争の末、1386年にやっと完成を見たという。北方から輸入したいわゆるゴシック式（窓が尖《とん》がっている形）と、本来のイタリア式（窓がアーチ形）という南北2つの様式のハイブリッドで、美術史上参考にすべき建築物である。不ぞろいな形状の白い尖塔《せんとう》が数限りなくそびえていて、その壮大さに驚嘆させられる。

ドゥオモ聖堂

聖堂の中に入ると、大規模な飾り窓にいろいろな聖画のモザイク（ステンドグラス）がきめ細かく刻まれている。このモザイクは5世紀の芸術として有名なビザンチン様式である。聖堂内にはまた、解剖彫刻で名高い「聖バルトロメオ」（マルコ・ダグラーテの彫刻作品）がある。

サンタ・マリア・デッレ・グラツィエ教会は市内の片隅にある。簡素な建物は多角形のアーチ形になっており、この地方で多く作られる赤レンガでできた壁は色あせており、満州の地でよく見かけた記憶がいまだ生々しい。

「最後の晩餐」

この教会を訪ねて世界中の人々がミラノに立ち寄るのは、この教会内のひとつの建物に、この世にふたつとない宝物であるレオナルド・ダ・ヴィンチの壁画「最後の晩《ばん》餐《さん》」が存在するからだ。入場券代の5リラ（60銭）を出し、建物内に足を踏み入れた。有り余る期待と緊張で胸が激しく高鳴った。

果たして絵に向き合ったとき、私も我知らず頭が下がった。これまで印刷物で見ていたものとまったく違い、うれしかった。この絵は、温度のせいで、またあるときこの建物が兵営の一部として使用され、乱暴に窓をあけたりしたせいで、一部が破損した。

室内にひしめく外国人観光客は作品の本当の趣を知ろうとし、望遠鏡やあるいは紙を丸めてのぞこうと大騒ぎだった。またとない傑作を前にした群衆の心理とは、ひとつになってしまうものなのだ。彼らの気持ちはただ、崇高で厳粛だった。中央に掲げられた作家の肖像は、人々によって心のお辞儀を受けている。この教会はイタリア最初の寺院だということだ。

レオナルド・ダ・ヴィンチは言うまでもなく、ルネッサンス期の偉大な天才の一人である。フィレンツェの名門の庶子として生まれ、幼い頃から学問を好み、研究心が旺盛だった。成人してからは鋼鉄を餅のように伸ばすほどの巨人のような精神の持ち主で、ライオンのような勇名を馳せたかと思うと、一方では鳩のような穏やかな心も兼ね備えていた。当時の人々は「完璧な人間」と呼び、様々な分野において才能を発揮した驚くべき天才だった。

ダ・ヴィンチは1483年、ある貴族に招かれフィレンツェを離れミラノに移った。そうして、そこで4年間を費やして描きあげたのが、この教会にある「最後の晩餐」だ。この絵は、イエスが明日ローマの官吏の手で十字架に掛けられるその前夜、12使徒と晩餐を共にしつつ「この中の一人が私を売った」と語るや、それを聞いた弟子たちが互いに疑いの目を向け合う瞬間の悲劇的シーンを捉えた作品である。それまで「最後の晩餐」というテーマを描いた画家が大勢いたが、ダ・ヴィンチほど感情豊かに描き上げた者はいなかったといわれる。

横長の食卓全体に感情の大波がさっと広がり、青色の中央にいるイエスはやや首をかしげ、両手を広げて、偉大な人物の悲劇的運命を表している。師を売ってしまったユダの驚きの表情が印象的で、見る人の視線が中央のイエスと天井に向って統一されるようにして描かれている。この絵から、16世紀の色彩を窺《うかが》うことができる。

スカラ座で尹心悳を思う

トーマス・クック自動車で到着したのは共同墓地だった。鉄の欄干を過ぎるとルネッサンス期の偉大な天才画家ミケランジェロが設計したという廟堂があり、そこに入ってアーチ形の門を出ると各種のギリシア式、ローマ式の廟碑《びょうひ》、石棺、彫刻が並んでいる。夫の亡骸《なきがら》の横でうなだれている妻、夫人の棺の前で手を胸に当てている夫、母親の墓を見上げている幼子ら……広い庭に白い大理石あるいは花崗岩の彫刻で、死の悲劇を見事に表現している。部分部分に見ているとそれぞれに涙を誘われるが、全体的に見れば十分に美術品に酔ったような気分になるものだ。この墓地は、世界で最も芸術的な価値が高いといわれる。

黄昏《たそがれ》時ともなり、待たせてある自動車からの催促もあって、凱旋門は車の中から眺めることにした。この凱旋門はパリのものよりも規模が小さいが、彫刻と模様は大同小異といったところだった。北のほうに古城の塔が見える公園の林の周りを巡って帰ってきた。

夜は、有名なスカラ座へオペラ鑑賞に出かけた。

スカラといえば、劇場の建物といいそこで上演するオペラといい、世界一流であることは誰もが知っている。それで、ここにさまざまな国からオペラ研究者たちが数万人も集まってくるわけである。

朝鮮の尹心悳《ユンシムドク》（声楽家。1926年に愛人の金祐鎮《キムウジン》と玄界灘に身を投げて心中。流行歌「死の賛美」が大ヒットした）は、この劇場で歌うのをあこがれたが、かなわぬまま世を去った。

定員3600名というくらいだから、劇場内は広かった。劇場の外見は後からできたパリのオペラ座とは比較にならないくらい平凡で、パリのそれの天井画や彫刻のように開放的な雰囲気はない。しかし、色彩や規模において深い趣が感じられる。それに舞台背景や出演者数百名の衣装、演技、歌、音楽が完璧だった。私としてはパリやベルリンでは体験できなかったものを見た思いだ。その場に居合わせて観覧した私は、このうえなく幸せだった。

この地で修業を積んでいる日本の原信子（1893〜1977。ソプラノ歌手で、夫は英国弁護士）は、遠からず同劇場で公演する予定だという。

ブレラ美術館

翌朝、市内のブレラ美術館に出かけた。展示されている作品は750点で、ほとんどが15〜20世紀の傑作である。中でも有名なものは、ルイーニの「バラ園の聖母」とレオナルド・ダ・ヴィンチの「キリスト」、マンテーニャの三大傑作のひとつである「イエスの屍と聖女たち」、ベルリーニの「ピエタ」、ラファエロの「聖母の結婚」などだ。ルイーニの作品はどれも温和な感情と奥深い魅力にあふれているが、その一例がまさしくこの「バラ園の聖母」である。濃い色彩の間から浮かび出る桃色の光が見る者の心を捉える。聖母の美しさといったら、女性美を描く第一人者のラファエロやティツィアーノにも見られぬものだった。

ダ・ヴィンチの「キリスト」は当初作者不明だったが、後にいろいろな研究家によりダ・ヴィンチ作と確定された。イエスの人間に対する悲哀と、世の中を救済しようとする苦悩の表情が見事に表現されている。保護のために特別に蓋で覆ってある。それほど作家と作品に敬意を払っているのだろう。

マンテーニャの「イエスの屍と聖女たち」もある。この作品で注目すべき点は、イエスを覆った白い布の複雑な皺《しわ》と、イエスの屍を側面から描いたその巧さである。この絵を側面から眺めると、長々と横たわっているように見える不思議さがある。両手を重々しく垂らした屍の姿や、そのそばで嘆き悲しむ聖女らの表情を見ていると、いつの間にか涙を誘われそうになる。

ベルリーニはヴェネツィア派の大家で、彼の作品中名高いのが「ピエタ」である。聖母がイエスの亡骸を抱いて悲しむ姿を描いたものだ。この主題を扱った画家は多いが、彼ほど聖母の悲しみの感情を描ききった者はないといわれる。蒼白《そうはく》なイエスの屍に頬を寄せ、涙する聖母の愛と悲しみが極限に達した表情、絶望の表情でイエスの屍をかき抱くヨハネ……画面全体にみなぎる白色の気迫といい、輪郭の明確さといい、全てが宗教的高尚な感情表現に連なっている。

ラファエロの「聖母の結婚」は、エルサレムの多角形ドームの寺院を背景にして新婦マリアと新郎ヨセフが向き合って立っている絵である。司祭が間に立って二人の手を取り、ヨセフが乙女の指に指輪をはめようとしている。マリアを囲む少女たちは羨望に満ちた表情をしており、ヨセフの側にいる求婚を断られた青年たちのある者は、絶望の苦痛に耐えられず棒をへし折っている。またある者は、到底見ておれぬというふうに顔を背けている。枝という枝はみな手で折られ、ただ一本の枝のみが残され、これがヨセフにより花咲かせられるのである。このようにヨセフとマリアは大衆を前にして、法律上の正式な結婚式を行うのである。

水の都・ヴェネツィア

午前9時40分、ミラノを離れヴェネツィアに向かった。

ミラノとヴェネツィアの間のロンバルディア平野は、麦畑と牧場が地平線まで続いている。湖を巡るようにして突っ走り、約1時間水の上を駆けた。とても不思議な時間を過ごした。やがて到着したヴェネツィア駅も水上にあり、プラットホームに出ると、やはり運河が出迎えてくれ、目の前がぱっと開ける。

聞いていたとおり、ヴェネツィアは紛れもなく水の都だった。

予定のホテルで旅装を解いて、早速市街地に繰り出した。

ヴェネツィアには大小の島が117、運河が150、橋が370あるという。黒くくすんだ用水路の上に漆を塗った棺のようなゴンドラから水の都を見た。一方、黒いヴェールをかぶり、足の甲までそれを巻きつけた女性たちの風俗を見るとき、ヴェネツィアは土色の都市という別の印象を受けた。かつてヴェネツィアといえば東洋からもたらされた黄金の品々にあふれ、多様な色彩の景色と優雅さを備えた都市と聞いていたが、これは一体どうしたのか。都市全体を覆っている空気は、まるで墓地に漂う陰湿で神秘的な匂いだった。しかし色あせた橙《だいだい》色、薄桃色、灰褐色の壁は、着色をしたようで、私の観察眼を楽しませてくれた。

ヴェネツィアはやはり海上に場所を占めた水上都市というべきで、そのために都市全体を堤防で囲い尽くして運河を造成している。それで運河が道路代わりになり、路地がすべて水上であり、名だたる桟橋がそこかしこに架かり、いたるところ橋だらけである。したがって、この都市では車や馬は全く役に立たず、交通機関というと全て小さな気船かゴンドラだ。風流だといえばそうだが、草といい土といい、庭園というものが全く目に入らない。狭くるしい街中には、一日中日の光が差さない所が多かった。2、3日だけ過ごす旅行者なら、それなりに楽しめるかも知れないが、定住するとなると相当の覚悟がいるだろう。

翌日は朝早くゴンドラに乗ってサン・マルコに向かった。

サン・マルコ広場の一角

遠くの波の上を白いカモメが浮かんだり沈んだりしながら、時々何かを口に食わえては元気よく飛んで行く。こんな夢の国に来て、船に乗って揺られながら瞑想《めいそう》にふけることができた。

サン・マルコには宮殿があり、塔があり、寺院があり、そして英米人相手の華やかな商店まで並んでいる。

サン・マルコ広場は長さ96間（約172メートル）、幅45間（約81メートル）ある。床が大理石と安山岩で造られているのを見ると、かつての栄華と当時の権力のほどが窺われる。サン・マルコ寺院の内部装飾は東洋式として知られている。

ドゥカレ宮殿とサン・マルコ広場

ドゥカレ宮殿は後期ゴシックの８４４年に建てられたが、ルネッサンス期にかけて増築し、また2度も火災にあった。イタリア共和政治時代の大統領官邸で、政府当局者の集合場所にも用いられた。

建物自体に歴史的価値があるばかりか、建物内部に掛かっている絵には、イタリア・ルネッサンス期の価値ある絵画もある。その中ではリッツォの作品が多く、ティツィアーノ、ティントレットの絵もある。ティントレット、ベルネーゼ、バサーノらの合作「天国」は、そこに描かれた人物の数において世界一である。ティントレットの「聖カテリーナ」、天井画「天国の栄光」もまたここにある。

ガイドに導かれるまま中に入ってみると、そこは真っ暗な石の監獄のような所だった。自由の束縛という点ではどこの国の監獄も同じであろう。朝鮮のかつての捕盗《ポド》庁《チョン》の（李朝時代ソウルにあった治安・警察官庁）監獄同様、壁上方の小さな風穴の他には足元の配膳の穴しかない。四方の壁といい床といい、すべて石である。その下に水の流れる音がする。昔、死刑にされた囚人はこの海に捨てられたという。宮殿と監獄を連結する橋は「愁心橋《しゅうしんばし》」と呼ばれるように、天国と地獄がしっかりつながっているような感じがする。

宮殿を出ると、にわか雨が降りだした。寺院の鐘楼から響くサンタ・マリアの鐘の音が運河の波音に混じる。ふんわりと飛んできた鳩の群れはよちよち歩きをしながら、愛らしいくちばしで観光客が投げ与える餌をついばんでは、ちらちらと周りを見る。広場に散らばっていた鳩の群れが寄り集まったかと見るや、一斉に屋上に向かって飛びあがる。この光景は、とても人間界と思えず、別天地のように思えた。

ぼんやりとして眺めていたが、激しい雨を避け宮殿の前にある塔に上がった。暴風雨が激しくなり長くとどまれなかったが、ちょっと見渡すとヴェネツィアはその名のとおり水の都だった。

サン・マルコ大聖堂は12世紀の建物で、ゴンドラを守るために建てられた聖堂だという。聖堂の柱はコンスタンティノープルから持ってきたものだ。すべて白い大理石造りで、実に荘厳である。聖堂の内と外の床はどこも大理石のモザイクで出来ており、それだけでもひとつの立派な美術品である。天井画は新約聖書の中のマルコの足跡を内容としている。

イタリアに来てからというもの、絵の題材はたくさんあったが、連日雨が降り、また見物で気があせるばかりで、一枚の絵も描けなかった。今日はちょうど日も差してきたことだし、小品をひとつ描いてみた。傑作を見ていると、自分でも描けるように思われるが、実際できたものを比べると雲泥の差がある。そのたびに大家と傑作に対する尊敬の念が増す。絵というのはあくまで感覚によるものであり、やはり難しい。

建物から出て次はどこへ行くのかと考えていると、ちょうどイギリス人観光客の一行が通りかかったので、その後を付いて行った。細い道をしばらく行くと、そこはとある小さな2階建ての家だった。一緒に2階に上った。ここはガイドたちが観光客を連れて行くいわゆる既定の売店だ。英米人が頻繁に出入りするだけに高価な品が多い。早くから東方諸国との交通路を開いてきたこの貿易港は、細工品の生産地としても有名だ。だから首飾りにはめこむ珠《たま》まですべて大理石の細工品だ。不思議な夢のようなこの都市を記憶にとどめておこうとひと品でも買って帰りたいという強い執着心が湧き、なかなか店から離れられなかった。


国際現代美術館は１９０２年の建物で、ここでは毎年4月から10月までの間、国際展覧会を開催している。現代絵画の有名な作品が多かった。パリのロダン美術館にあるのと同じロダンの「カレーの市民」と「考える人」があった。世界各国を旅するうちに、いつしかまるでパリが自分のふるさとのように思えて、今、目の前のこの作品を見ているだけでも、懐かしさがぐっとこみ上げてくる。

白色を巧みに処理したラファエロの「聖母昇天」、ティツィアーノの「キリストの昇天」、ティントレットの「キリストの最期」、ベロネーゼの「蜘蛛の家」、ベルリーニの「マドンナ」が目に付く。

アカデミア美術館には750点余りの絵が展示されている。ほとんどがヴェネツィア派の大家の絵である。

ヴェネツィア派とフィレンツェ派をその特色において比較するというのは、専門家にとって非常に興味深い素材である。最も代表的な絵は、ベルリーニの「聖母」「サン・マルコ広場の行列」、ティツィアーノの「アダムとイブ」、カルパッチョの「サセルドゥスの敬拝」などだ。

ヴェネツィア派とフィレンツェ派

ヴェネツィア派の絵画はフィレンツェや中部イタリア流派に比べて遅れて発達した。しかし他の流派と違い、ヴェネツィア派は特徴を生かしてルネッサンス美術史でユニークな地位を占めてきた。

フィレンツェ派の場合、その絵の特徴は線で描かれた輪郭の完成度と肉体の描写、動きの表現に優雅な気品を吹き込み、全体を調和させている。一方ヴェネツィア派は、色彩を大切に考え明暗の色調と光の陰影で画面に深い味わいを付与することによって、人間味と人情味を描き出している。それで油絵の新しい描き方では、ヴェネツィア派のほうに軍配が上がる。これがヴェネツィアで絵画が大いに発達した理由だという。

ヴェネツィアの絵画がルネッサンス風に発達しはじめたのは、15世紀末のベルリーニ兄弟からだ。ベルリーニの絵でもっとも有名なものは、アカデミア美術館が所蔵している「サン・マルコ広場の行列」である。

本来、ヴェネツィアは商業貿易をもとに発達した都市であるだけに、市民的共和主義の政治を理想としていた。市中央のサン・マルコで行われる宗教的儀式は市民全体の儀式とされたはずだ。そこでこのベルリーニの絵は、15世紀ヴェネツィアの風俗画としても理解できる。壮年の気力あふれるベルリーニの「聖母」は、聖母マリアがイエスを抱いている姿を描いており、聖母は超越的な感じより、人間的な親しみを味わわせる。

ティエポロの「十字架の発見」が見える。この種の絵のように、ヴェネツィア絵画には市の栄光を記念した歴史画が多い。ヴェネツィアでは、都市生活と美術の関係が密接だったことが窺われる。

ティツィアーノは幼い頃からずっとヴェネツィアに住んだ画家で、ベルリーニの弟子だった。100歳近くまで長生きしながら、老衰も知らずに絵を描き続けた。彼は当時名声と地位がとても高かった。不幸にも彼がペストで亡くなったとき、ヴェネツィアの全市民が哀悼の意を表し、厳かな葬儀を執り行った。その頃、ペスト罹患者《りかんしゃ》の葬儀は寺院内で禁じられていたが、彼の場合は、元老院の命令でフラーリ聖堂で葬儀が執り行われた。

ティツィアーノは女性の絵をたくさん描いた。特に豊満で円熟した中年女性を好んで描いた。彼が描いた絵の女性の肉体には、健康美があふれている。果たして色彩の画家といわれるとおり、色彩の深みと詩的な構図が感じられる。代表作に「祭壇」「聖母昇天」「聖母と聖者」などがあるが、どれも構図の明確さ、気品、安定感において優れている。

ティントレットは、ヴェネツィア派最後の名声を博した天才画家である。彼は画室の壁に「ミケランジェロのドローイング、ティツィアーノの色彩」というスローガンを貼り付けて学んだといわれる。ティツィアーノの弟子だった彼は、やがて学びに学んだ末、驚くべき大作「最後の晩餐」「天国」「聖マルコの奇跡」などを次々に傑作を世に出した。なかでも「天国」は驚異的な大きさで、世界最大の絵画として名を馳せた。彼の長所は、生命の躍動感を画面いっぱいに表現する能力にあった。聖書の物語であれ、神話であれ、歴史画であれ、いずれも運動体として描き、日常生活の裏側をにじませている。大きな筆を用い、光を的確に表現し、明暗のコントラストを強調することによって従来の穏健な絵に動きと活気を加えた、新しい表現方式だった。

ホテルに帰って来て、レストランでイタリアの有名なマカロニと鮮魚で夕食を取った。固いけれども味わい深いマカロニは初めての体験だったし、当地の運河で採れた鮮魚がまた一生忘れられそうにないほど美味しかった。旅の疲れもこうして夫婦で向きあって食事していると、どこか遠くへすっ飛んでしまったようで、後はただ団欒《だんらん》と幸福が残るばかりだっただ。

花の都・フィレンツェ

午前7時5分発の列車でフィレンツェに向かった。聞くところによると、イタリアは太陽の光の国で、日差しがないとイタリアの風土や美術の美しさがわからないという。それなのにどうしたことか、その後連日あいにくの雨で、じめじめした天候に見舞われ、一向に愉快な気分を味わえなかった。そのうえ、薄着をしたものだから、ひどく寒くてずいぶんと辛かった。

フィレンツェはもともとフローレンチャと呼ばれていた。この街の名は花を意味し、それでフィレンツェは「花の都」「春の都市」とも呼ばれる。北はアルピ山脈、南はキャンティ山脈に挟まれ、静かに流れるアルノ川のほとりに位置する。アルノ川の後方の丘から見下ろすと、都市全体が花で覆われているようだ。さすが花の都と呼ぶのがふさわしい。

しかし、私たちはここに咲いている花を、摘みに来たのではない。この地に咲き、この地にしおれていった近世文化第一の花の都を訪れに来たのである。中世期が幕を下ろして、新しい文化が開花し、人間の能力が絶頂に達したとき、芸術の花がこの地で咲いたのである。

私たちは既にこの地に来ていたある友人の紹介で、アルノ川を目の前にしたホテルに投宿した。窓を開ければすぐ下に川が見える部屋を陣取った。

これまで歩き回り、いい経験を積んだといえようが、とはいえ、見物だけでもずいぶん疲れる。片時も惜しんで歩き回る見物も今日はやめにして、ただ窓越しに眺めるだけで半日の半分を過ごした。真向かいの木々の生い茂る森のある丘のふもとには古城の跡があり、そこにミケランジェロの「ダビデ像」がすっくとひときわ高く立っている。その下の方に10間（約18メートル）以上もの幅広いアルノ川の濁流が流れている。

フィレンツェは芸術都市なので、市街地を歩くことはまるで美術館の中を歩いているようである。どの建物、どの寺院、どの扉、どの窓、どの彫刻を見ても、芸術品でないものがない。無論私たちは芸術を味わいに来たのである。つまり、あのアルノ川の水が育てたダンテ、ミケランジェロ、ジョット、マサッチョ、ボッティチェッリ、ドナテルロら天才の足跡を見に来たのである。彼らが、かつて今私が歩いているこの土を踏みしめていたのだと思うと、私も知らずに不思議な喜びが湧いてきた。

翌朝、市内地図を手にし、あちこちの展示館を訪ねた。

サンタ・クローチェ聖堂とウフィツィ美術館

サンタ・クローチェ聖堂はフランチェスコ派の教会として名高い。すべて大理石造りの簡素な形のイタリア・ゴシック式の建物だ。寺院の前の広場には、ダンテの石像が立っている。聖堂内は薄暗かった。建物の後ろにあるペルーチ礼拝堂と、バルディ礼拝堂を訪れた。ジョットの描いた壁画を見るためだった。中に入ると、体の不自由な司祭がひとり足を引きずりながら説明しようと、ついてくる。イタリアの有名な展示館には、こうした商業的なガイドがおり、観覧客をかえってわずらわせる。

1212年にアッシジの聖者フランチェスコは布教のために、弟子たちをフィレンツェに派遣した。8年後、聖ドミニクもまた布教団をそこへ派遣した。この2つの派は競い合う間柄で、フランチェスコ派は黒い服を身につけ、ドミニク派は白い服を着た。前者は「実行」すなわち「動いて働け」という行動主義で、後者は「静かに祈れ」という礼拝主義だった。

ペルーチ礼拝堂とバルディ礼拝堂にあるジョットの壁画の傑作の1つはフランチェスコの一生の行跡を、もう1つはイエスと弟子たちの史跡をテーマにしたものである。

その他にアルローリの「音楽」は見ごたえがあったし、ミラノの作品とガッディの「マリアの婚姻」が目を引いた。寺院内にはイタリアの有名人の墓が多く、ミケランジェロの記念碑もあった。

「ああ、自由のパリこそ恋し」より　　**雑誌『三千里』1932年1月号**

ローマのシスティナ聖堂でミケランジェロの天井画を目にしたとき、またスペインで天才ゴヤの墓と彼の描いた天井画を目にしたとき、心から希望以上のものが湧き出てきた。このように、多くの絵を見た後の私の感想は2つある。第1に絵はすばらしい。第2に絵は難しい。私の中でこの2つの葛藤する感想が続く限り、絵の上達は遅々としたものだと信じる。

その他に、私は女性であることをはっきりと悟った（これまでは中性だと思っていたが……）。そして女性は偉大であり、幸福な存在であることを悟った。この世のすべてが女性の支配下にあるのを見たし、知った。そうして私は大きなことが尊いと同時に、小さなこともまた価値があるのだと認めたいし、私だけでなく、これをすべての朝鮮人にわかってもらえたらと思う。

ある日、フィレンツェ郊外である羊飼いの少年が、自分が追ってきた羊の群れを石の上に描いていた。そこへ通りかかったある大画家がそれを見て、少年の才能に驚きすぐに自分の弟子にした。この少年が、後に近世画家の元祖となったジョットであり、大画家はその師のチマブーエだった。

ジョットが25歳のときに描いた傑作が、アッシジ聖堂の壁画「聖フランチェスコの生涯」だ。これは、それまでの刻んではめ込む画法に対抗する、大きな革命であった。ジョットの描く人物には肉体があり、生命があり、一人ひとりの個性があり、人と人との間の感応があって、リアルで人間味があり、ドラマチックな生動感にあふれていると、もっぱらの評判だ。彼は画家であると同時に大建築家でもあった。

「ヴィーナスの誕生」

ウフィツィ美術館には絵だけで4千点が展示されており（彫刻も同じくらいある）、質量共に世界一の美術館だという。歴代の多くの傑作の中でも特に有名なものを挙げると、次のようになる。チマブーエの「マドンナ」、ジョットの「マドンナ」、ボッティチェッリの「ヴィーナスの誕生」「春」、ミケランジェロの「聖家族」、アンドレアの「マドンナ」、ラファエロの「マドンナ」、ティツィアーノの「ベネチアと恋愛」、リッピの「マドンナ」、フロンフォンダバレの「イエス誕生」などだ。

これらの絵を見れば見るほど、口はまさしく今にも何かをしゃべろうとしているようであり、目は笑うかまたは泣こうとしているようで、肉体は血沸き肉躍るようである。余りに多くの作品があるため、全部を見たわけではないが、他のものもほぼ同じようなものだと思えた。その確実なドローイング、単純なようでいて実は複雑な色彩、明暗のコントラスト、ただただあっけにとられるばかりである。

ミケランジェロの作品「昼と夜」「黎明《れいめい》と黄昏《たそがれ》」という大理石の彫刻も忘れるわけにはいかない。

ドーバー海峡を渡る

7月1日、午前10時36分にパリのサンラザール駅を出発し、午後1時にドーバー海峡を渡った。連絡船に乗り5時10分にニューヘブン、つまりイギリスの地に降り立った。

入国手続きが大変だった。パスポートと荷物の検査がとても厳しかった。列車は6時43分にヴィクトリア駅に到着した。先に来ていた夫とY君が出迎えに来ており、ありがたかった。

街で目に付いたのは2階建ての電車と赤いバス（ダブルデッカー）だった。建物は低くて、重々しさに欠けるようだった。

庭付きでない家がないロンドン

ロンドンの建物は今にも崩れそうな灰色のレンガ造りが多く、古い都市なのかよく整理されておらず、家の建て方はいいかげんで、ただぎゅうぎゅう詰めにしていると いう感じである。市街地はそれぞれの階級別に商業中心地、政治中心地、工業や農業、あるいは金持ちと貧乏人の居住地というふうに、それぞれ分けられている。

道路はどこも、カナダから運んできた石など敷き詰められている。電車は市内にはなく郊外のみである。2階建てバスがひっきりなしに行き来し、地下鉄もある。

ロンドン市民700万人の住居はほとんどが別荘式住宅（公営住宅・タウンハウスなど）で、庭付きである。植民地から奪ってきたもので出来ているが、市内の施設はよく整っている。あちこちにある共同トイレは、地下へ降りていくように設置されている。

公園はすべて有料だ。

道路だけを残して、芝生や草花を育てられている面積が広い。ハイド・パークはロンドン中央のやや北西側にある。バッキンガム宮殿の広場につながるグリーン・パークとピカルディー通りから反対方向のケンジントン・ガーデンに連なる。街路樹などは白樺、柏《かしわ》、欅《けやき》などが多く、樹木の下は芝生でおおわれ、若い男女が抱き合って寝転ぶ姿はまるで蚕の寝姿のようだ。通行人は別段驚くこともなく、君は君、私は私と割り切った態度で通り過ぎる。日曜日には有名な野外演説会が開かれる。聴衆は平常心を持って理知的な批判はするが、決して感情的に興奮したりはしない。公園にやってきたというより、郊外の田舎に来たといった感じだ。

キュー・ガーデンは世界でも指折りの公園だ。自然をそのまま使って造成した。

世界でもっとも大きくて、よいといわれる植物園がここにある。温室にはたくさん大きく育てられた芭蕉《ばしょう》、棕櫚《しゅろ》などが見られ、ローズ・ガーデンでは香りが高くて、力強く育った緑陰芳草や、たった今刈られたような樹木など、全てがなかなか奥深くて味わいがある。この公園はジョージ3世がある貴族の庭園を買い取り、それを離宮としたという。日英博覧会のときの遺物とも言うべき日本の五重の塔がそびえている。

この公園の近くに大理石の高い塔があるが、ここには世界的に有名な詩人、画家、法律家、彫刻家などの彫刻があり、一つひとつに名前が記されている。私たち一行3人（夫、Y、私）は、2階建てバスでロンドン中心地のチェリング・クロスを通り過ぎ、中華飯店で夕食を取りながら、疲れた体を休めた。ケンジントン・ガーデンはハイド・パークと隣りあわせで、かつては貴族の公園だった。古い樹木が生い茂り、動物園、王立植物園がある。

セント・ジェームス・パークはバッキンガム宮殿の前にあり、規模は小さいながらあちこちに広場がたくさんある。イギリス王室の離宮として使われた、これ以上ない深みのある公園である。学生たちを連れてきて、野外学習をしたり、テニス、クリケットなどの試合が行われる。婦人警官があちこち巡回していた。

遅れをとったイギリス美術

ロイヤル・アカデミーは近代絵画を展示している。ロイヤル・アカデミーに入賞した絵を集めている。印象派の影響を強く受けたようだが、フランスに比べて1世紀くらい遅れた印象だ。

ヴィクトリア・アルバート美術館は、女王とその夫の威勢と遺徳を記念するために建てられたもので、小品が多かった。注目すべきは、フランス19世紀印象派に大きな影響を与え、美術史上顕著な地位を占めた風景画の始祖、コンスタブルの作品である。光線の方向と構図、そして色彩が生き生きとしていた。コンスタブルの絵を模写するために何度も訪れた。

大英博物館は170年前にハンス・スローンの所蔵品を買い上げて国有化し、これを基《もと》にして設立された。エジプト、ギリシア、ローマ、日本、中国の遺物が多く集められている。一番多いのがギリシア彫刻だ。

ナショナル・ギャラリーはフランスのルーブルくらい大きい。歴代のイタリア美術作品が多く、さまざまな国の現代作品もたくさん収集している。その中にはラファエロの「マドンナ」、レンブラントの「老婆」、ダ・ヴィンチの「岩窟の聖母」、ファン・ダイクの「頭巾をかぶった老人」、ティツィアーノの「山林での戯れ」、ゴヤの「乙女」、エル・グレコの「肖像画」なども見られ、ティントレットの作品も多い。

イギリス絵画においては、肖像画が世界的に評価を受けている。国立肖像画ギャラリーには、肖像画が約3千点所蔵されている。どれも細密な絵である。展示の仕方と利用法が巧みで、豊富な標本と収集ぶりに驚いた。

ウェストミンスター寺院とウィンザー城

ウェストミンスターには有名な国会議事堂と寺院がある。ウェストミンスター寺院は歴代の王と偉人らの墓で一杯だ。シェイクスピアの墓もここにある。また、ここでは歴代の王の戴冠式を挙行してきた。

テムズ川の底を掘って作ったトンネルをくぐり、グリニッジ天文台を訪れた。地球の零度（経度の原点）がイギリスのこのグリニッジ天文台を通過する。正門前に標準時計が掛かっており、さまざまな星を観測して時間を合わせる大きな望遠鏡が設置されている。枕をして寝転びながら観察できる。

ウィンザー城は、ロンドンから西へ約20マイル（約3・3キロ）地点の高い丘の上にある離宮だ。14世紀に築かれた石造建築物だ。前方はテムズ川に面している。もともとは寺院だったが、ヴィクトリア女王の誕生の地でもある。門をくぐると、女王を記念するために建てた礼拝堂と聖ジョージ礼拝堂が見え、ナポレオン1世の寝室もある。各国の皇帝がここに宿泊したのだ。

夫が夏期講習会に参加しなければならないということで、一緒にオックスフォードへ出かけた。ここは古くからの学問の都市であるだけに建物が古びており、あちこちにギリシア、ローマ風の寺院が目に付く。温かみのある町という印象を覚えた。ケンブリッジへは行けなかったが、両校は共に漕艇、演劇、音楽に優れているということだ。

私たちの投宿先の寡婦の女主人は、救世軍の信者だった。ここに大佐、中佐らが居住し、出入りする人たちも救世軍信者が多かった。それで自然と彼らの誘いで、日曜日に救世軍の本営を見学することになった。救世軍は1863年イギリスで初めて、ブース大将が軍隊式に作り上げたものである。もちろん布教が目的であるが、社会事業もたくさん行っている。病院もあるし、身を持ち崩した女性が産んだ私生児のための孤児院も運営している。日本人の山室軍平（1872~1940）さんの娘が幹事の肩書で訪問したことがあるという。

イギリス女性の参政権運動

イギリス人は寡黙で、冷静かつ高尚、それに自制心が強い。規則正しく、活動力がずば抜けていて、意志が強い。外部に対して自己肯定する独立精神があり、他人に容易に屈服しない。空理空論を好まず、常に実際的な利益のために行動する。そして自分の利益だけでなく公共の利益を重視する。イギリス人は収集欲が強く、幼い頃から世界の切手や貨幣を集めている。さらにタバコの箱に1枚ずつ入っている、名勝地の写真なども集めている。

ロンドンには物乞いが多く、あちこちでマッチを片手にお金を求める。楽器を演奏することもあり、路上に座って色鉛筆でシェイクスピアの詩を書いたり、鳥などの絵を描いたりして道行く人から施しを期待する。

ロンドンには居酒屋が多いが、客の半分は女性だ。

ロンドン名物に濃霧がある。昼間でも真っ暗で、電車の通行停止もたびたびのことだ。

ナショナル・ギャラリーの前には、英雄ネルソン提督（1785〜1805）英国の海戦史に大きな功績を残した海軍提督）の銅像が堂々と建っている。広場の左右には海軍省、外務省、内務省、インド省、商工務省、陸軍省、財務省、農業局、水産局、地方政務局などがずらりと並んでいる。

警察庁の入り口では、節度あるふるまいと静粛な態度の騎馬警察が往来を監視しており、それがなかなかの見ものである。

首相官邸は、「10《テン》」（ダウニング街10番地所在であるから）と呼ばれ、知らない者がいない。

オックスフォード・ストリートは随一の大通りで、建物はいずれも煤煙のせいで古色蒼然たる有様だ。フロックコートを着て、シルクハットをかぶった人のほとんどは、証券取引所関係者あるいは外交官などの役人、つまりいわゆるジェントルマンである。

テムズ川は澄んだ綺麗な水だとばかり思っていたのに、濁った汚水だったのでがっかりした。

ロンドン滞在中に英語を学ぼうと、女性教師をひとり選んだ。60歳を超えたばかりで、小学校の教師である。独身生活を送る元気いっぱいの賢いお婆さんだった。彼女はパンクハースト女性参政権運動連盟の会員で、当時、示威運動（デモ）を組織する幹部だった。女性の権利主張のことはことのほか熱心だった。彼女はこう語る。

「英米の婦人参政権運動家会見記」より　雑誌『三千里』1936年1月号

イギリスのパンクハースト女性参政権運動の団員が私の英語の先生(S夫人)だったので、彼女と女性の問題について議論し合うことになった。

羅蕙錫：参政権運動は誰が最初に始めたのですか？

S：英国女性権利運動の始祖はフォーセット*1夫人で、この人がパンクハースト*2夫人です。この人が初めて街頭デモを繰り広げました。40年前、1万人の女性がアルバート・ホールまで街頭行進を行ったのです。そのとき私はまだ幼くて、母が参加しました。

羅蕙錫：どんなスローガンでした？

S：「女性の独立のために闘おう」「女性の権利のために闘おう」でした。

羅蕙錫：当然大勢逮捕されたでしょう？

S：ええ、もちろん。全員逮捕収監され、ハンガーストライキをするなど、大騒動になりました。

羅蕙錫：会員の目印にはどんなものがありましたか？

S：ありましたよ。「女性に投票を」と書いたバッジを帽子に付けて、バンドを巻くの。これがそのときのものです。

（Sは黄色い文字の記された古びた藍色のバンドを見せてくれる）

羅蕙錫：これを私にくれませんか。

S：どうなさるの？

羅蕙錫：私が、朝鮮の女性権利運動の始祖になるかもしれませんから。

＊1　Millicent Garrett Fawcett. 19世紀後半の英国女性参政権運動の指導者。

＊2　Emmeline Pankhurst. 女性社会政治同盟WSPUを結成、娘たちと共に運動を導く。

「女性はいい服を着ておいしいものを食べるのを減らし、貯蓄しなきゃ。これが、女性の権利を要求する運動の第1条よ」

私はこの言葉がいつも頭から離れない。イギリス女性たちの先進的な悟りに尊敬の念を禁じえなかった。

8月15日、ふたたびパリに戻った。

情熱の国、スペインへ

闘牛

8月25日午前9時、スペインに向けて出発。翌朝9時に、スペインの避暑地として名高いサンセバスチャンに到着した。

市街地の中に海岸があり、施設がすばらしかった。タマルーラという街路樹が非常に柔らかな味わいを漂わせ、美しかった。

平素は人口は5万人だが、夏には2倍を超えて、ホテルはすべて満員となる。ホテルの料理はオリーブ油の料理が多くて、少々辟易《へきえき》した。

闘牛は周知のようにスペインの名物だ。角のはえた牛（去勢していない若い雄牛）を真っ暗な倉庫に閉じ込めておき、扉を開けるや、牛は飛び出して四方に勢いよく走り回る。まず金銀の服と帽子を身につけた馬上の闘牛士が2、3回槍《やり》で突き刺し、次に真紅のマントを持って色紙を巻きつけた串を相手の牛の背に突き立てる。さらに剣で息の根を止めると、牛は大暴れし、やがて血を吐き倒れて死ぬ。するとこの瞬間、観客はやんややんやの大騒ぎ。拍手大喝采である。貴婦人からは花束が投げ込まれ、闘牛場は騒然とする。

ここでもし、牛が死ななかったとなると、人間の方が負けたことになり、観覧席からは座布団が勢いよく飛んで来て、あげくに闘牛士をぶん殴りながらわめき叫ぶ。時には、こうして闘牛士が何人か死んだことがあるという。

ああ、従順で正直で謹厳実直な牛たちは、人間の巧みな技術によってなぶりものにされて、最期を遂げる。

次の日は一日中雨で、午前に海水浴を少し楽しんでから、後は部屋で過ごした。

夜9時に、首都マドリードに向かった。

マドリードで出会った東洋の色彩

午前9時にマドリードに到着、ナショナルホテルに投宿した。

スペインは地理的にはヨーロッパの西にあるが、古代神話や肌の色からいうとヨーロッパとは言いがたい。牛の形をしたイベリア半島は周りを海にとり囲まれ、しばしば外来侵略に見舞われた。そうしてスペインは世界への玄関口、ルネッサンス以降はのアメリカ航路の中心地となり、常に戦場となった。

このようにスペイン人は他の国の人と違い、地理的に世界の扉となり、そこをさまざまな人種が往来し、戦争が頻繁した関係でどうしてもギリシア人、ローマ人、ボヘミア人などとの混血が多いようだ。

スペインの女性は帽子をかぶらず、黒い網状の覆面布を被る。髪が黒く、背は低く、丸顔で穏やか、その黒い瞳は情熱にあふれていて、なんとも言えず美しかった。スペイン女性は、愛の報いを決して怠らないという伝説も聞いていたので、さらに注意深く観察した。

アカシアの樹林の上に青藍色の強い光線が照りつけて、その隙間から白い石造の建物が見える。芭蕉が生えそろっているところへ女神像があちこちに建っている。勢いよく涼しげに水を吹き出す噴水のほとりでは、上着を脱いだ労働者と子どもたちがよく熟したメロンを、皮を剥きながらおいしそうに食べている。

いまだに素朴な雰囲気が残り、道路には土ぼこりが舞い上がる。ヨーロッパでは見かけない東洋的な色彩を感じる。馬車と労働者と物乞いが多い。

アメリカ大陸を発見したコロンブスがスペイン人（コロンブスはスペインのイサベ

ル女王の後援の下に新航路開拓を始めたが、出身地は今のイタリアのジェノヴァである）で、オペラでよく知られたカルメンもまたスペイン女性である。

スペインの芸術は実に多彩である。先述したように地理的な事情または別の理由で、さまざまな種族の侵入があったためだ。作品を後世に残す努力を怠らなかったばかりか、往々にして天才が現れて世間を驚かせた。古代に多様な美のきざしを見せて以来、中世の暗黒時代に小さな火花を放ち、近世になってついにリーダーの位置を占めるに至った。ヨーロッパの他の国々が沈滞する時期、スペインは偉大な画家を抱え、非常に豊かであった。

スペイン絵画は力強くて、魅惑的だ。また形容しがたいほど神秘的だった。

ゴヤは、数千年前のスペインの祖先が持っていた原始的生命力と幻想を、近代においても主張できることを証明して見せた。私たち朝鮮民族はそうしたオリジナリティーに欠けるが、スペイン絵画は歴史的系統が確かだと、はっきりと言うことができる。

14世紀には東方からの影響を大いに被った。その後現れた天才グレコがそれを継承し、後世の画家の中にはイタリア・フィレンツェ派の影響を強く受けた者もいた。フアン2世の頃は、イタリアへの留学がごく普通の流れだった。そうしてローマ法王が大画家を外交官に任命し、スペインへ送ることになる。ついに18世紀、国民的な芸術全盛期を迎え、イタリアとフランスの画家たちがスペインに学びにやってくる。

名所のひとつであるマドリード宮殿を見学に行った。規模はさほど大きくはないものの、内装はさすがにとても綺麗だった。四方の壁は皆刺繍が施されており、見事な天井画もたくさんあった。食堂の扉に有名な『ドン・キホーテ』の一場面が、織物で表現されている。外へ出て寺院を見つけた。礼拝堂が6つあり、中央の礼拝堂にはイエスの業績が描かれてある。出入り口にも、美しい木彫りの彫刻があった。

ゴヤの墓は郊外にあった。電車で訪れた。もともと寺院だったここに、ゴヤの傑作天井画がある。世界中から人々が訪れるにつれ、彼の遺体をここに移し、隣にまったく同じ寺院をもうひとつ建てた。中央は墓であり、左右の礼拝堂にはゴヤの傑作「説教者の群衆」が描かれている。好色家のフェリペ4世が、寺院に美女がいるとの噂を聞きつけて忍び入ろうとしたところを、司祭が十字架を掲げて押しとどめる瞬間を捉えた絵だ。

ゴヤは炭売りの息子で、いつも炭で岩に絵を描いていた。彼の才能を見抜いたある司祭が世話をし、彼に本格的に絵を学ばせた。しかし、15歳頃から放蕩《ほうとう》の道に陥り、女性のことで殺人まで犯した。イタリアへも行き、闘牛士にもなり、やりたいことはなんでもやった。そのためか、彼の作品には柔順なところと悲惨なところとが同居している。絵にそれがよく表れている。

ゴヤは晩年視力が衰えたうえ、聴力も失い、窮貧に陥った。版画を描きに祖国を離れ、遠く南フランスのボルドーに侘《わび》しい仮住まいに引っ越したが、１８２８年4月波乱に富んだその生涯を終えた。享年82歳だった。

彼は死んだが、しかし生きている。彼はいないが、しかし彼の傑作は数えきれないほどある。私は彼の墓を目の当たりにし、同時に彼の傑作に触れることにより理想が高まった。そして羨ましかったし、また自分にもまだ可能性があるような気がした。私は容易にその場を離れることができなかった。これほどまでも感じ入ったことは、かつてなかった。

夜には劇場に行った。当て推量で除々に道をたどると、見事に行き着いた。劇場の近くにはみすぼらしい人が多く、箱の上に物を並べて売る行商人も数え切れなかった。まるで朝鮮の全羅道や慶尚道（にある場末の雑然とした市場）みたいだった。劇場が開場するや、先を争って押し合いへし合いの大騒ぎだ。また、乳飲み子を連れてきては泣きわめかせる。他のヨーロッパの国では見られない光景だった。

出し物は古くからある出しものだった。中国風の衣装をまとい、声を張り上げながら歌うのを見て、日本の浪花節《なにわぶし》のような感じがした。スペインの踊りとして広く知られるカスタネット踊り（桶を両手で叩きながらジプシー＝ロマ風に踊る）もあり、親指に弓懸けをはめて踊る踊りもあった。やはり他のヨーロッパの国では見られないもので、異彩を放っていた。

プラド美術館印象記

パリ・シャンゼリゼを模倣したというカステリャーナ通りを東へと向かうと、シベーレス広場近くにアトーチャ駅の屋根が見える。

国王の戴冠式や結婚式を挙行するサン・ヘロニモ寺院の尖塔の後ろには、レティーロ公園がある。

青い林の間から、赤レンガと白い水成岩で造られた高い建物が見える。

ヨーロッパの3大美術館といえばパリのルーブル、ロンドンのナショナル・ギャラリー、マドリードのプラド美術館である。プラド美術館の入り口の正面にはゴヤの銅像、そして側面にベラスケスの銅像が立っている。中世紀末までここは見捨てられた場所であった。その後王族、貴族らが散歩するところ、貴族の娘と若者が美しい愛をささやくところとなった。現在の美術館を造ったのはカルロス3世だ。エル・グレコ、ベラスケス、ゴヤらの天才が現れ、それで世界的にもまれな名美術館が造られた。質的にも量的にも、世界第一級の美術館である。

マドリードは他の都市と異なり、これといった寺院や歴史的な伝説のようなものもないが、それにもかかわらず世界中から人々がやって来るのは、ただひとえにプラド美術館があるからだ。

美術館に足を踏み入れると、私は過度の期待で心臓が高鳴った。軽やかな衝動が体中を駆け巡った。現在スペインが持っている最も偉大な作品はどれも、この建物内にあるのではないか。もしも優れた天才であるベスケス、ゴヤ、グレコ、それ以外の多くの名匠の傑作を失ったなら、スペインは一体何をもって自らを誇れるのであろうか。

正門から入ると横長の部屋が見える。左側にはイタリア室があって、ラファエロの絵とダ・ヴィンチの「ジョコンダ」がある。

古代画展示室は地下にあり、正面の展示室にはスペインの産んだ天才たちの作品が展示されている。ベラスケスの「宮廷生活」「記録」「陰鬱な司祭」を始め、エル・グレコの神秘的な絵、ゴヤの血生臭い戦争画など、いずれも昔の生活記録であるとはいえ、見ていると、現在の私たちの気持ちとなんら変わらず、同じ苦痛を味わい感激もしながら人生を送ってきたのだと思える。

ゴヤの作品としては「酔っ払い女の裸体」「1808年5月3日事件」「十字架上のイエス」などがある。ある日本人がゴヤの絵を模写しようとして3年間通い続けたが、結局コピーできなかったというエピソードがある。実にゴヤの偉大な腕前は従来の絵画に対する挑戦であり、新時代の訪れを告げる鐘の音であった。

展示室の中でじっと周りを見渡すと荘厳で静粛な感じがして、見る者の心は現世から遠く離れた別世界へといざなわれる。

エル・グレコは私たちの住む世界の人物や事物を絵にしなかった。彼は人間の霊魂を描いたのだ。したがって、グレコの絵は肉眼では理解できず、心で鑑賞するしかない。彼は黒を好んで用いた。

エル・グレコはゴヤより200年前に生まれ、ミケランジェロとラファエロの伝説を真っ先にぶち壊した画家だ。

トレドを訪ねて

トレドはマドリードから列車で1時間かかる。スペインの古い都市というだけでなく、ギリシア出身の画家エル・グレコが住んでいたところでもある。世界中の人々がスペイン美術を求めてやってくるとき、必ずここに立ち寄る。グレコの独特な筆法を鑑賞し、あるいは鑑賞にとどまらず、学び取ろうとする人が年々増えている。

グレコが住んでいた家は、展示館になっている。彼の作品が数えきれないほど並んでいる。ある寺院でグレコの傑作のひとつを見ることができた。

トレドには絵のアカデミアもある。

古代建築の寺院が多いし、600年間もアラビア人が住んでいた家にもある。ふと道端に崩れかかった家が一軒あったが、それはセルバンテスの有名な小説『ドン・キホーテ』では、主人公が住んでいた家になっているという。スペインは、どことなく神秘的なの香りがする。

ヨーロッパの他の国では見られない藍青色の空からの強い日差しのもと、土を踏みしめながら帰る途中、遠くに見える古城がまるでギリシアの建物のようだった。青々と流れる川の両岸には、一見奇妙な土壁の門があった。辺りは、実に絶景をなしているではないか。

午後7時の列車でマドリードへ舞い戻った。どんなに愉快な一日だったことか。
次の日の午前9時にマドリードを離れ、フランスに向かった。

大西洋を渡ってアメリカへ

帰国準備をする

フランスへ向かう列車にはスペイン人が多かった。実によくしゃべる。スペイン人はたいていおしゃべりだといわれる。

私たちはそろそろ帰国の準備に取りかかることになった。乗船券を買い求め、日付を調べておいた。時の経つのも速い。いつの間にか1年半が過ぎていた。見物もたくさんしたし、お金もたくさん使った。しかし一体、何を得たのだろうか。いまだ頭は混沌《こんとん》とした状態で気持ちの整理ができない。しかしながら、ヨーロッパ滞在中できる限りのことをしようと最善を尽くしたことに、自分自身恥じるところはない。

誰でもパリにいればパリが大好きになり、離れがたくなくなる。そこで食事にも事欠きながら、気持ちでは離れたくないとなると、ありとある悲劇、惨劇が起きる。その類の人は無責任でわがまま。他人をだまし盗みを働くのも日常茶飯事である。パリ自体は美しいところであって、これらの現象はあくまで外国人の仕業だ。そもそもパリの人々の心は自由、平等、博愛にあふれていて、誰もが楽しく暮らせる。この地を去るとき、それはまるで恋人の元を立ち去るかのようだった。

パリを知り尽くしたわけではない。だが離れたくなかった。もう少しとどまって絵の勉強をしようと考えていたが、いろいろな事情が重なってアメリカ経由で帰国することになった。

9月17日午前9時50分、サン・ラザール駅で何人かの友人の見送りを受け、アメリカに向かって出発した。どんなに多くのパリの事情に耳を傾け、どんなに強くパリにあこがれたことか。それも今では、すべて過去のことになってしまった。

午後3時半にルアーブルに着いた。5時40分に小さな船を利用し、世界で2番目に大きいマジェスティック号（1番はイール・ド・フランス号）に乗船した。

7時半ごろ、米国・ニューヨークに向かって出発した。

マジェスティック号での生活

マジェスティック号は、重さ5万6621トン級で、定員が2936名である。1等室870人、2等室730人、3等室1366人である。さらに1等室はA、B、C、

D、E、Fの等級別に分けられている。船室にはベッド、クローゼット、テーブル、長椅子、小さな椅子、洗面器が備えられていて、男女乗務員を呼ぶベルが取り付けられている。あちらこちらに応接室、喫煙室、娯楽室、レストラン、遊戯室、プール、子供用遊戯室、図書室があり、さらに礼拝堂まであって、まるで大きなホテルだ。

乗客たちの退屈しのぎのための遊戯器具も備えられていた。2日に1度競馬が行われる（きれいな女性たちが色違いの帽子を被って現れ、ひとりが読み上げる番号どおりに作った馬を移動させながら、先に落ちたものが勝ちである）。ダンス、映画、演劇を楽しみ、テニス、卓球、輪投げ、室内ゴルフ、ビリヤード、碁、チェス、カード、マージャンもできる。昼は昼なりに、夜は夜なりに遊べる。実際、彼らは元気な体で楽しく遊ぶ。すべてうらやましい限りだ。

船内はどこも明るくさわやかで、空も海も青い。黒い波間にところどころ白い泡が立つ。それを掻《か》き分けながら、雄壮なマジェスティック号は7日間力強く突き進んだ。

23日の午後2時にアメリカ合衆国・ニューヨークの港に到着した。張徳秀《チャンドクス》（1894～1947。独立運動家、政治家、言論人。この年に暗殺される）さんと尹弘燮《ユンホンソブ》（尹《ユン》沢栄《テギョン》の長男。生没年不詳）さんらが出迎えに来てくれて、うれしかった。

夜はインターナショナル・ハウスで金瑪利亜《キムマリア》先生（1892～1944。独立運動家・フェミニズム運動家。東京2・8独立宣言と3・1独立運動に参加し収監される。病気保釈中に脱出、米国に留学、同じ事件に羅蕙錫も参加）に会えた。とても懐かしかった。

天を垂直に仰ぐ都市、ニューヨーク

ニューヨークはハドソン川河口の中央に位置する小さな島（マンハッタン島）で、土地も趣も抜きんでた良港である。最初オランダが植民地にしてニュー・アムステルダムなどと呼んでいたが、後にイギリスがその地を占めると、ニューヨーク（英国のヨークから）と呼び改めた。１００年前は人口わずか10万にも満たず、市街地もマンハッタン島南の一部分を占めるに過ぎなかったのが、今ではこの島全体とハドソン川対岸のブルックリンなど周辺地域を合わせ、大ニューヨークへと成長を遂げた。

ニューヨークは人口９００万人の、世界一の大都市である。同時に、自動車も３人に1台の所有率だというから、自動車の台数も世界一、建物の高さも世界一、お金持ちが多いのも世界一だ。世界一があまりにも多くて、とにかく「世界一」を誇りにする土地柄である。

道路が東西南北に走っていてどこへでも行きやすいが、左右に数十階建ての建物がずらりと建ち並んでいるので、垂直にしか天を仰ぎ見ることができない。

ニューヨークは北米の産業界、財界の中心地であると共に、世界の商業および金融の中心地である。商工業の活発なこと、船舶の出入りの頻繁なこと、貿易規模の大きいこと、どれをとっても世界トップである。市内の大型建築物の中で30階建てが20余りあり、そこで働く人だけでも2万人を超える。大型建築物ひとつだけで十分にひとつの小さな都市を成している。市の中枢部のマンハッタンとロングアイルランドの間に架設された4大鉄橋は、長さ20町（約2・2キロ）ほどで、軍艦が橋の下を自由に行き来している。

アメリカでは飛行機が郵便物を運搬している。

すべての事業において世界一をスローガンにするアメリカ人が、まさしく文明の精髄を誇る大都市をこの地に築き上げた。

見るべき場所は多いが、中でもセントラル・パーク、リバーサイド・パーク、グラント将軍の墓地、文豪ワシントン・アービングの生家、動植物園、劇場などは必見だ。

ニューヨークはヨーロッパ各国から移住してきた民族が多く、実に複雑である。広大な土地、豊かな物資、人口密度低さ、自由な空気がヨーロッパの人々を引きつけてきた。

アメリカ人は進取の気性に富み、冒険好きで富を築こうとする欲求が盛んで、独立精神が強い。平等を主張し、労働を重んじ、よく文明の利器を利用をし、共同作業を重視する。快活かつ楽観的で、ユーモアを好む。

金瑪利亜先生に会うためにインターナショナル・ハウスを訪ねた。そこは私たちのホテルの近くにあった。有名なロックフェラーが世界各国の留学生のために建てた寄宿舎だ。設備が完備されていて、コスモポリタン的だった。

コロンビア大学には朝鮮人留学生が多い。図書館、寄宿舎などの施設が大規模で、数千名の学生を収容している。

ウールウォース・ビル（１９３０年のクライスラー・ビルと１９３１のエンパイヤーステート・ビルの竣工以前の世界一高いビル。羅蕙錫のニューヨーク訪問時の１９２８年に両ビルはまだなかった）は57階建てである。別名摩天楼といい、ニューヨークらしい独特な壮観を見せている。地上からの高さが７５０尺（約２８０メートル）だ。エレベーターで1番上へ上がって見下ろすと、眼下の家々がまるでマッチ棒を積み重ねたみたいだった。

メトロポリタン博物館にはミケランジェロの彫刻が多く、古代絵画もずいぶんたくさんあった。現代絵画は、フランスのものがたくさんあった。イギリス人とアメリカ人の作品では後者のほうが腕前が優れているように思えた。

夕方、朝鮮礼拝堂でキムチとシレギ（乾燥野菜）の入ったスープを飲んだ。

ルーズベルト記念日ということで、ルーズベルト大統領の生家を訪れた。各地から送られた祝電の朗読があった後、ルーズベルトの妹の講演を始め、来賓の挨拶が続いた。ちょうど大統領選挙の投票があり、投票風景を見ることができた。投票所は宿舎の直ぐそばにもあった。

ニューヨーク・タイムズはニューヨークばかりか、アメリカ一の新聞社である。この日は、各地から送られてくる投票集計表を社の外壁に貼り付けてあった。なんと数万の群衆が立錐の余地もなく詰めかけ、候補者の名と投票数が発表されるたびに拍手喝采を送り、歓声を上げていた。ある女性などは、わんわん大声で泣き出す始末だった。果たして最後の勝利は誰のものか？

友人のひとりと一緒に郊外のプロスペクト・パークへ遊びに出かけた。動植物園もあるこの公園で一日楽しく散策した。

パラマウント映画館は収容人数と建物の大きさが世界一だという。内装が名状しがたい美しさで、規模も大きい。パラマウント社で制作された映画はすべて、世界各国へ配給される。

自由の女神像はニューヨークの港の入り口にある。天高くすっくと立っている。

徐載弼博士に会う

ニューヨークのペンシルバニア駅を、ワシントンに向って出発した。アメリカの列車には等級がなく、1人当たり座席がひとつだ。鉄道の周辺には、中部地方と違って森林があり、人家もある。

途中、大都市といえばフィラデルフィア、ボルチモアくらいで、停車駅も多くないし、車内の乗客も少なかった。アメリカの農村はヨーロッパに比べてもの寂しい。ワシントン駅は清潔だった。ホテルに荷物を置いてから、韓《ハン》ソジェさんと金《キム》ドヨンさんに会った。

世間は狭く、人は近しい。あちらこちらで親しい友人と出会う。韓ソジェさん夫妻と私たち夫婦、金ドヨンさんは韓ソジェさん宅の自家用車でドライブに出かけた。

車が止まり、指差された建物は旧韓国時代の駐米韓国公使館だった。小さな洋館の正門の上方に、太極の形をした国章がうっすらと残っている。懐かしくもあり、悲しくもあり、複雑な気持ちになった。

スミソニアン美術館にはミケランジェロの彫刻の複製品が多く、絵画も多かった。コローの作品は、本国フランスにあるものよりも優れており、数も多かった。お金持ちの国だけに外国のものが多い。

リンカーン記念館は、黒人奴隷の解放をもたらした改革的政治家・エイブラハム・リンカーンのために建てた大理石の建物だ。入り口正面にリンカーンの銅像が立ち、庭園の池に建物の影が映る光景は名状しがたく美しい。リンカーン記念館と向き合う位置に、高さ555尺（169メートル）の尖塔、ワシントン記念塔が立っている。

米国大統領官邸は白一色だ。だからホワイトハウスと呼ばれている。付属建築物には歴代大統領夫妻の肖像画と、彼らが使った器具が並び、公開されている。比較的簡素である。

米国の国会議事堂はキャピトルの丘の上にあるので、そのままキャピトルと命名されたという。上下両院がある。室内にはワシントン、リンカーン、フランクリン、コロンブスらの肖像画が掲げられており、独立戦争を描いた壁画には、合衆国成立当時、憲法に調印した各州代表者の肖像が見える。議会図書館内には独立宣言書と、合衆国成立時、憲法および独立宣言書に署名した人たちの絵が所蔵されている。

議会図書館は世界最大の図書館である。1896年議会によって建設され、1898年12月16日に公開を見た。

3万3000冊の文学書を含め、所蔵図書が全部で141万7499冊、絵も13万3597点を保有している。外国の図書も少なくない。各地に分館もたくさんあるという。

大統領が毎日曜礼拝に来るという教会堂へ行ってみた。コンコルディア教会である。大統領が入るときと出るとき、人々は全員起立するという。

ワシントンを離れ、途中、フィラデルフィアで降りた。徐載弼《ソジュピル》博士（1864～1951。独立運動家。甲申政変参加後米国に亡命、医師になり、帰国後独立協会を結成したが直ぐに追放されて、米国へ戻る）に会うためだ。郊外の侘しい場所にある病院へ車で直行した。応接室に座って待っていると、強健な姿をした中老の徐博士が現われ、喜んで握手をしてくれる。私たちはしばらくの間、祖国の問題について論じ、それから、病院を見て回り、そこを立ち去った。

ニューヨークに到着したのは、夜の1時だった。

ニューヨーク出発

11月29日は感謝祭である。すべての学校が休みになり、オフィスも門を閉ざす。そうして七面鳥を焼いて食べ、楽しく遊ぶのだ。

昨年のクリスマスはドイツで過ごした。今年のクリスマスはアメリカで楽しむ。この日はどの家でも松の木にさまざまな飾り物を取り付け、愉快に遊ぶ。朴《パク》夫人と一緒に一番大きな教会堂へ行き、見物した。

夜には、朝鮮キリスト教会を見物に行った。

正月12日、夜9時20分の列車に乗り込み、いろいろとお世話になった友人たちの見送りを受けながらニューヨークを離れた。友人の一人が作ってくれた送別の詩はこうだ。

東雲《しののめ》の空いまだ明けず
夜明け前の眠りは深い
木々に光は当たらず
ずっと大雨にさらされたまま
蘭《らん》が芝草のように生え

何も気づかぬきこりが切り落とす
あそこを行くひとつがいの寂しき雁《かり》よ
休まずまっすぐに飛ぶのだよ
お前の後ろから小船と風が
服をぐっしょり濡らすのでは
名もなき猟師が余りに多いことよ
いっそ猟師は遊びほうけたがよい
草っぱらが干上がって
いつになれば雨が降るのやら
小川が片方にばかり流れていく
畑仕事の邪魔でしかないよ

ナイアガラの滝

心寂しいひとつがいの魂は狭い船の中で一夜を過ごした。外はすっかり銀世界だった。バッファローで乗り換え、午前11時にナイアガラの滝に着いた。

この滝はエリー湖から流れる水がオンタリオ湖に落下する広大無辺の大飛流で、落差300尺（90メートル以上）である。

市街地は、文人墨客を相手にするだけに施設が色々あり、交通機関は四通八達である。道端の商店には先住民の民芸品などが並べられていて、その素朴な原始的作品に心引かれる。

激しい吹雪でまるで足が千切れそうである。

私たちはタクシーを拾って、あこがれのナイアガラの滝を見に行った。森林の生い茂る公園に足を踏み入れると、積もった雪が杉の木全体を覆っており、それがさらに真っ白な森林をなし、荘厳な自然美をかもし出している。

あらかじめ聞いていたが、ナイアガラの滝の幅は実に広く、深さも見当をつけるのは難しい。ナイアガラがある川はアメリカとカナダにまたがっている。つまり、アメリカのエリー湖の水がカナダのオンタリオ湖に落ちて流れているのである。真ん中に山羊《やぎ》の形をした島が滝を二分して、馬蹄形《ばていけい》をなし、一方はアメリカの滝、もう一方はカナダに属している。滝は大きな氷の板状になったり、つららになって落ちていく。その光景は、比類もなく、まことに美しい。夜になると滝はサーチライトで照らされて、そのきらびやかな色彩に色どられるのを見ると、シベリアで見たオーロラのような一風変わった景色が思い出される。

人は自然をより偉大にさせたかもしれないが、とはいえあくまでその力は自然から出てきたものであって、結局自然の創造であるしかない。自然から私たち人間は新しい美を得て、それをまた観るのである。滝の風景はアメリカ側よりもカナダ側の方が正面だということで、旅行者らは必ずカナダ側へと見物に行く。私たちは一人当たり5ドルを出して、鉄橋すなわち国境を越え、イギリス領カナダに踏み込んで眺めた。まさしくこれは美の極致というべきだ。

ヨーロッパ各国にはどこでも、どんなに小さな町でも、必ず展示館や博物館があり、それぞれの地域の歴史や文化を紹介している。ここナイアガラ展示館では、アメリカ・インディアンの原始的な生活ぶりから動植物、鉱物など各種展示物までを陳列している。

展示館で見た映画は、先住民の原始生活の有様を見せてくれた。白人と先住民の首長娘が結婚し、暮らしを共にするという内容だった。彼らはこう語る。

——恋愛は神の火花だ。ありとあらゆるものを美化し浄化する。散文的なわれわれに詩を与えてくれる。大地に草木の芽生えをもたらす夜露だ。人の魂を脈打たせる。人生に光を与え希望を抱かせる。恋愛を体験した人でなければ、真の人生の魂を目にしたとはいえない。その人自身、人生を尊く生きることはできない。おそらく真の愛は霊魂のみ、肉体のみといったものでなく、両者をあわせ持ちながら、神と人間の間を行き来しているのであろう。

いつのまにか9日間も、暖かい部屋でゆったりと休養をした。

21日、午前7時50分発の列車でこの地を離れた。

シカゴ

シカゴは人口250万に上るアメリカ第2の大都市であり、世界屈指の大工業都市である。ミシガン湖に面していて沿岸線が長いうえに、運河があり、6つの大きな駅があって、物資が集散し、工業が盛んな点においてニューヨーク以上だといわれる。

市街は区画がきちんと整理され、電車が地上と高架を縦横に疾走し、交通の便がとてもよい。リンカーン・パーク、ジャクソン・パークなどは世界有数で、もの静かで品のある公園とされている。世界最高と目されるマーシャルフィールズ百貨店、ユニオン屠殺《とさつ》場、ミュニシパル桟橋などが有名である。他に興味を引くものとしては美術館、博物館、シカゴ大学などがある。

ワシントン・パークには、入り口に「時間噴水」と名づけられた大きな石像の造物が置かれている。世界最大の温室では熱帯樹木が鬱蒼《うっそう》と茂っている。

ブラックストーン・ホテルはシカゴのみならず世界中で最も大きなホテルだという。部屋が3千室もあり、26階建てだ。建物内には証券取引所を始め、ダンスホール、理髪所、各種商品を扱う商店街まであって、まるで一大都市のようだ。客に部屋割りをするカウンターが、まるで切符を売る駅のようで、それがまた数十箇所もある。

私はどこに出かけても必ず美術館で鑑賞するのが、ほとんど義務になってしまった。シカゴ美術館にはイタリアの古代絵画の複製が多かった。近代絵画としてはフランス印象派のゴーギャン、ゴッホ、セザンヌ、ルノワール、シスレー、ピサロ、ドガなどの作品があり、現代絵画はマチス、ルソー、デュシャンのものがあった。ミケランジエロの彫刻作品も3点あった。

天国に通じる道・グランドキャニオン

シカゴを離れた。

雪山が遠くに見え、土城のような雄大な赤い山が平原のあちこちに立ちはだかっている。珍しい形をした水車が見え、先住民の原始的な小さな家がところどころ目に付く。穴居生活を連想させる。広い野原では頭だけ白い牛が首を長く伸ばしており、石炭のような石のかけらがやけにたくさん目に映る。停車時間が10分、20分と長引いたので、その間に先住民たちの手工芸品を見ることができたし、買うこともできた。

奇抜な景色で評判のグランドキャニオンで降りた。エルトバル・ホテルに泊まることにした。スイスの景色が美しく上品であるとするなら、アメリカのそれは大きくて見栄えがする。キャニオンというのは峡谷を意味する。深さ1マイル（1600メートル）、幅1マイルの断層は、さながらエジプトのピラミッドにも似て、きわめて深い地中から数限りなくそびえ立っている。それが夕日に照らされる時分には、自然の景観に色を塗ったようで、途方もなく雄大である。

陽光の反射を受け谷底に逆さに映った山影といい、コロラド川の銀色の帯が形作る美しい光景といい、言葉では到底言い尽くせない。岩石そのものが美しく、光に従って青、灰色、黄色、赤に変化する。こうして太陽の威厳と大自然を確実な形で眺めることができる。インディアンたちは、ここを天国に通じる道と呼んでいるのだそうだ。

1泊して、翌日の午後、1人当たり12ドルもする高価なチケットを買って、自動車で峡谷の中央部から終点までの長い距離を往来した。展望台があるたびに降りて見下ろした、峡谷の奇岩怪石は実に壮観だった。

ホテルに戻って、荷造りをしてから午後8時にそこを離れた。

ロサンゼルス

ロサンゼルス行きの列車は乗客が心行くまで楽しめるよう寝台車、食堂車、展望車などがちゃんと備わっている。展望車には賭博室、図書室、応接室、展望室があるが、どの部屋も立派な造りで、美麗な装飾を施している。

ロサンゼルスは常時温かく美しい都市で、オレンジ畑、野菜市場、花の市場などが有名だ。また、アメリカ東部の人たちの避暑地でもある。日本の大阪や神戸のように見物して回るところが多く、どこへでも電車で行けるし、海水浴場もあちこちにある。鉄道の線路に油を塗り、燃料は石油を用いるので、ほこりや煤煙が、比較的出ない。市街地の道路の左右には、背が高くて、大きな葉っぱの棕櫚の木が街路樹をなしており、都市全体が棕櫚にすっぽり埋もれているみたいだ。

ハリウッドは世界的に有名な映画の都だ。私たちが見物に行ったとき、ちょうど俳優らが現れ、撮影の様子を見せてくれた。セットが大掛かりで、圧倒された。

ヨセミテ公園

冬季と夏季に避寒、避暑の観光客のための特別列車が、公園入り口のエルポータルまで引き込まれている。

乗合自動車に乗り、マーセド川の渓谷に沿って走る。アワニー・ホテルに投宿。ヨセミテ公園は秀麗な山岳、滝、渓谷、奇岩からなるが、特にエルキャピタン、ブライダルベール、リボン、チュイウララなどの滝が有名だ。マルポサ・グローブ（スギ科の巨木である世界最大のメタセコイアが群生している森林）へは、ヨセミテから毎日、自動車の便が出ている。そこは直径15～30フィート（50センチ～1メートル）、高さ４００フィート（１２０メートル）に達する巨木からなる世界有数の大森林だ。

この公園は35年前に開園されて以来、アメリカ国内の多くの公園の中で最良とされてきた。この山の長所は一年中人々の好みに答えてくれることだ。春は降雨が少ないにかかわらず雪解けの水が滝となって落下し、夏は平地の暑さを避けて都会の人たちはひんやりした小屋暮らしを楽しみ、秋は紅葉がすばらしいし、冬はさほど寒くもないのに雪が降りしきり、スケートやスキーをするのに最適だ。

ホテルはインド式の建物だが、内部は全てメキシコ風のデザインである。床に織物を敷き、壁にはインド更紗《さらさ》を掲げ、どれひとつ取っても芸術的でないものがない。

雪がすっぽりと降りしきり、いつしかかなたの山は曇って見えないが、近くの樹木はその形がはっきり感じられるようになる。眺めていると、高貴な鹿の群れが雪の中に口を突っ込みながら、散策している姿がまた、なんともいえず風情がある。どこからやってきたのか団体でスキーを楽しむ女性たちは、全員ズボン姿で快活に遊んでいる。

土曜日の夜ごとにダンスの集まりがあり、これはまたなかなかの見ものだった。広場から見ると落差が2、500尺(740メートルほど)にもなるヨセミテの滝が、天に白い布を張ったかのようにとめどなく流れ落ちる。

ここにはダンスホール、音楽堂、プール、郵便局、図書館、学校、病院、研究室、商店などがあり、管理事務所、食堂、休憩所を兼ねた建物もある。また展示館には特産物が並べられ、観光客は興味示し、地元の人々は実益を得る。数百棟もの木造のコテージも見て回った。

東西文明の接点・サンフランシスコ

サンフランシスコは70万の人口を有する太平洋沿岸の大都市で、気候が一年中春のように暖かい。アメリカの太平洋側の玄関口であり、隣接するサンフランシスコ湾周辺の人口を合わせると150万人になる。日本、中国、インド、オーストラリアなどの貿易船が年中行き来し、東西文明の接点である。

市街地南端のツインピークスに登ると、3面が海に面し、高いビルが建ち並ぶ。あたり全体色彩豊かなパノラマの美しい景色を鑑賞できる。太平洋岸には世界一を誇る長さ5マイル（2700余メートル）にもなる金門大橋、数千名が利用できるストロベース大海水浴場、合衆国西部の学術中心地であるカリフォルニア大学、プレジディオ兵営、日本茶菓子店、音楽堂、植物園、動物園がある。グラント通りとパシフィック通りにはさまれたチャイナタウンはとても繁盛しており、ここではしばしば東洋美術品と出会うことができる。

サンフランシスコ湾の入り口を指して金門（ゴールデン・ゲイト）という。ここにある金門公園は芝生、池、花壇が巧みに整備されており、美術館、温室、遊戯場、動物園を見ることができる。日本式の庭園もある。ここから少し足を伸ばせば、太平洋海岸の高い絶壁の下に例のアザラシ岩がある。文字通りアザラシがあちこちから無数に現れ、鎮座する姿がなんとも面白い。

太平洋の波濤《はとう》がへさきを打つ

太平洋に浮かぶ

2月14日、大洋丸に乗りこみ、横浜をめざして太平洋に出た。この船は世界大戦の時日本がドイツから奪った、世界でも最大級の船だ。船は航路に沿って黒い海を掻き分け、速い速度で進む。一体これは海なのか空なのか、空なのか海なのか、分別もつかぬまま太平洋を進む。

数日後、救命胴衣を腰に締めて嵐に備えて避難訓練をする。

乗客に対する船員らの待遇は誰に対しても平等だ。船長以下船員たちの親切なもてなし振りは申し分がない。

1等室には左右に、互いに向き合うようにベッド2台が置いてある。

男女従業員（男性はボーイ、女性はガール）が世話をしてくれる。入浴は毎朝できる。朝起きてコーヒーを飲み、朝食後甲板で遊んでいると、お茶が運ばれる。4時にもお茶と菓子が出され、7時半のラッパの音で夕食となる。高級レストラン、女性用談話室、喫煙室、図書室、遊戯室、プール、児童室、応接室、理髪所、児童用遊戯室などがある。卓球、輪投げ、室内ゴルフ、ビリヤードなどの運動と、囲碁、将棋、トランプ、マージャンなどのゲームで時間を過ごす。夕食後、きまってサロンで賭けごとが繰り広げられる。昼間も、甲板でいくらでも勝手に遊んで楽しめる。

こうして2万2千トンもある船は2千名の乗客を乗せて休みなく突き進み、船内では陸地とまったく変わらない行動をしながら過ごす。時に大きく緩やかなピッチング（縦揺れ）もしくはローリング（横揺れ）の音がし、また時には突然にわか雨が降り、時々刻々美しくたなびく雲の様子が見える。甲板の寝椅子に座って小説を読んだり、隣に座っている乗客とおしゃべりしたりするのもすがすがしい。

海と空がひとつに溶け合ったように、はるかかなたまで続く波頭を破りながら、船は矢のように突き進む。宙に舞うようにして過ぎゆく魚群、休みなく船についてくる鳥の群れ、あるいはマイルカ（真海豚）の群れ、海上に浮かび上がるクジラ（鯨）などは壮観だった。

航海中、他の汽船に遭遇したとき、それぞれの船に乗った人全員が甲板の上で歓呼の声を上げたり、互いに汽笛を鳴らしたりして無事を確かめ合う様子は、実に人情味にあふれている。とりわけ、月夜に紳士淑女、家族連れ、もしくは恋人同士が三々五々甲板をそぞろ歩きする光景もまた、詩の世界といえよう。

映画、演劇、音楽の鑑賞会が4度開かれ、最後の日には船員一同が出演する演劇が上演された。

無線電信で受信した各国のニュースは、船内新聞として毎晩食卓の上に置かれる。乗客の席に新聞が1部ずつ配布されるので、洋上にいながらも世界各国の朝夕の事情がつかめる。

何日もこうしてひとつの船に起居を共にしていると、夫婦連れの客同士、まるで古くからの友人のであるかのようにすっかり親しくなる。余興の日程を決め、乗客の中から役員を選び、また各自の特技で競技に出る選手を決める。一同、笑いころげ、興に乗り幸せな一日を過ごす。

25日の夕食がすき焼き料理だという噂を耳にした。甲板の上に畳を敷き、日本の着物を着て、ナイフやフォークではなく、箸を使ってすき焼きと日本酒の食事を取る。なんと珍味なことか、そのおいしさは名状しがたい。太平洋の荒波はへさきを叩き続け鳴り止まない。

ハワイ・ホノルル

ハワイ諸島はまるで3幕の演劇の第2幕目のようだ。サンフランシスコで乗船してから1週間ぶりに陸地、すなわち年中花が咲き鳥のさえずるハワイに寄港する、この贅沢《ぜいたく》な味は、生涯忘れられそうにない。ハワイはアメリカ領であるが、東洋人が多く、ましてや我が朝鮮の同胞がたくさん居住している土地だ。

ハワイ諸島はハワイ島を始め、9つの島といくつかの小島からなっている。通称のハワイは、伝説に出てくるハワイ島の最初の発見者、ハワイロアがその由来である。

ハワイは洋々たる太平洋上の十字路に位置する。一方はアジア大陸を、もう一方はアメリカ大陸を向き、南はオーストラリアに面する。と同時に、遠いパナマ運河を通過し太平洋を横断、縦断する船舶に水と燃料を供給する場所でもある。海底電信局、無線電信局の所在地としても重要な場所だ。

ハワイはアメリカの軍事前哨基地として重要だから、陸軍海軍両方の要塞が堅固である。真珠湾の軍港、シャフター基地、スコフィールド基地などがある。

またハワイは東西文化の接触点として汎太平洋議会の発祥地であり、国際的な人種問題の始まりの地でもある。また四季を通じて気候が温和で、避暑地、保養地として理想的だ。

キング通りのハワイ州の裁判所の前にあるカメハメハ1世の銅像は、ジェームス・クック船長のハワイ発見百周年記念祭のときにカラカウア王が建てたもので、イタリア・フィレンツェで鋳造された。

カメハメハ大王は、ハワイ諸島を統一して、カメハメハ王朝を樹立した酋長《しゅうちょう》である。今もまばゆい金色の英雄の姿でその場所にすっくとそびえ立っている。

ホノルル市の東北7マイル離れたところにあるヌアヌパリは、カメハメハ1世がハワイ統一のための最後の戦いを展開した戦場だ。そこは断崖絶壁の美しい景観を誇り、風速が世界第3位の強い風が吹くという。

ホノルル市中央部の山のうち、突出した海抜500フィート（150メートル）の死火山パンチボウルの頂上には、噴火口の痕跡が残っている。かつてこの島の酋長は、戦争へ行って戻ってくるとき、大勢の捕虜と婦女子を無理やり連れてきて、物品を略奪し、凱旋した祝賀の宴を開こうとしたところ、突然山がたけり狂い噴火が起こった。そこの生き神様の魂が踊りだして、残酷な酋長を諌《いさめ》たという伝説がある。

頂上に登るとホノルルはもちろんのことエバ平原、真珠湾軍港、ワイピオ渓谷、アイエア平野などを遠くまで一望できる。

ダイヤモンドヘッドはかつての噴火口の跡地で、今はアメリカ陸軍オアフ要塞のひとつだ。ここからワイキキ海岸へ直行できる。

ワイキキ水族館はハワイ近海に生存する五彩七色のありとある珍しく貴重な魚類を集めており、世界に広く名が知られている。

豪族チャールズ・ビショップは、ハワイ王室の王女だった妻の記念のために、いろいろな公共事業に力を注いだという。中でもビショップ博物館は最も価値があるものとされる。内壁に珍しい溶岩の資材を使用し、ポリネシア人の生活文化を示す道具、彫刻を始めこの地域の自然、生物の資料を網羅しており、南洋民族の文化を調べるために大変有用である。

ハワイ出航

出航時間ともなると、乗客と押し寄せる見送り客で、みるみるごった返す。両腕一杯に抱えた花束や首飾り（果物の実を糸に通したもの）を売る人、買う人、それを誰かの

「新生活を始めながら」より　　**雑誌『三千里』1935年2月号**

行こう、パリへ。生きていくためでなく死にに行こう。私を殺したのはパリだ。私を本当に女性に作ってくれたのも、またパリなのだ。

私はパリへ行って死のうと思う。

求めるものも、巡り会うものも、得るものもない。帰ってくることもない。永久に行こう。過去と現在がぽっかり空いた私は、未来へ出かけよう……。

4人の子供たちよ、母を恨まないで社会制度と道徳と法律と因習を恨んでおくれ。お前たちの母は過渡期の先覚者として、その運命の綱の犠牲者であったんだよ。

首に掛けてあげる人、人だかりで大騒ぎだ。
汽笛が鳴り、見送り客が船から下りて、陸地では手を振り、ある一群のハワイ女性たちが踊り（ハワイアン・ダンス）歌い、一大絵巻物が繰り広げられる。船が出る。裸の先住民らが乗客の投げるお金を逆立ちしてキャッチするかと思うと、ある男は船に登ってきてお金をかき集めて取り込み海に落ちる。これがまた見ものだった。ああ、船は再び海に滑り出した。

海上生活最後の夜となった。食卓にはプレゼントと色違いの帽子などが置いてある。全員帽子をかぶって席に着いた。船長の挨拶に続き、アメリカ大使館参事官夫人の音頭に続いて万歳三唱があった。各自、官等別に並べられたテーブルに着くのだが、私たちのところには、夫の上司を始め、朝鮮拓殖会社課長の野田夫妻もいた。

横浜到着

1万4千余トンの太陽丸はサンフランシスコから横浜までの5510マイル（8816キロメートル）を、17日で走破し、午後2時に無事に到着した。埠頭《ふとう》は出迎えの人たちで黒山の人だかりであった。手を振っては大声で叫ぶ。甲板の上と陸地との間で騒がしい挨拶が交わされる。私たちを出迎えに来てくれたのは梁在河《ヤンジェハ》さんと金沢鎮《キムテクジン》さんだった。本当にありがたかった。下船して東京へ向かい、新宿のホテルに投宿した。

欧米の家並と比べると東京の家屋はすべてバラックのようで、道路は狭くて汚いし、人々は腰がえびのように曲がり元気がないように見えた。

李王殿下を始め、友人知人を訪ねた。昼食を出してくれる人、晩餐でもてなしてくれる人、とにかく歓迎が思ったよりずっと素晴らしかった。

10日の午後9時30分の列車で東京駅を発った。ああ、私の胸は間断なく高鳴る。東海道線を疾走した。ヨーロッパの景色に比べると山の樹木は緑をなして秀麗な味わいはあるが、心に潤いを与える情緒に欠ける。

故国へ帰る

12日、午前8時に釜山に到着した。親戚ともども老母と3人の子らが迎えに来てくれた。夢かうつつか、私の目には涙も浮かばず、なぜか妙な感じだった。車に乗って夫の故郷である東萊《トンネ》に帰宅した。1年8か月前に見たキノコのような家、埃っぽい道が、以前のままであった。ただ人が老いたり、成長したりしただけのことだ。幸い老母が元気で、3人きょうだいが無事で健康なのが何よりだった。

ああ、あこがれだった欧米漫遊も過去のことになり、懐かしい故郷にとにかく帰ってきた。これから先、一体何が私たちを待ち受けているのだろうか。

文章と絵で復元した『朝鮮女性、初の世界一周記』

羅蕙錫は韓国最初の女性東京留学生であり、西洋画家である。当時、彼女は金明《キムミョン》淳《スン》と一、二を競う韓国初の女性小説家でもあった。しかし、新女性にとって世の中は巨大な壁だった。植民地体制、封建思想、男性中心主義といった抑圧的な壁はまことに息苦しいものがあった。金明淳は精神病者となり、尹心悳は自殺し、羅蕙錫は旅の途上で煩悶し、晩年は病を得て看取る者もなしに帰らぬ人となった。

羅蕙錫はもの心ついた頃から「人間になり、芸術家になり」たかった。そんな彼女に、突然、夢にも思わない世界一周旅行のチャンスが訪れる。1か月余りのシベリア横断後、パリに1年以上もとどまりながらヨーロッパ各地を旅して回る。それからアメリカ大陸を見物し、太平洋を渡って帰国する。

実に驚くなかれ、20か月以上もの間世界を周遊したことになる。本書のタイトル通り、完全に地球を一回りしているのだ。羅蕙錫以前に世界一周と呼べる旅行した韓国人といえば、せいぜい、1883年に朝鮮政府が報聘使（答礼として外国に派遣する使節）として派遣した閔泳煥《ミャンヨンファン》（1861～1905）、羅蕙錫に1年先立つ年に、政治家で弁護士の許憲《ホホン》（1885～1951）がいるくらいだ。

旅行中、羅蕙錫はまず画家として、次に作家としてのアイデンティティを自ら問い、執拗に追い求めた。それゆえ、この本は美術紀行と名づけてもいいくらいだ。

さらに彼女が追求したのが、女性としてのアイデンティティである。

「私は女性であることをはっきりと悟った。…女性は偉大であり、幸福な存在であることを悟った。この世のすべてが女性の支配下にあるのを見たし、知った。」（「ああ、自由のパリこそ恋し」）

羅蕙錫の旅行記は、近代的な個人へと脱却していく近代朝鮮の新女性たちの世界を理解するうえで非常に貴重な記録である。

しかしながら実際、彼女の紀行文はわずかばかりの草稿が断片的に紹介されるぐらいで、全集を開いてもとっつきにくく、読み取りにくく、ただ雑然と書き散らかしているといってもいいくらいだ。

本書は羅蕙錫の残したすべての紀行文を拾い集めて、集大成したものである。全23篇の文章（うち2篇は新聞記事）が本書の骨格となった。断片的な紀行文までコラムの形で収録し、全体をとらえようと努めた。

羅蕙錫は旅行中にも、絵を描いた。彼女の絵のうち、世界旅行に関連したものと主要作品は口絵に収録した。

今からちょうど90年前、韓国の女性として初めて地球を一周した羅蕙錫の紀行記は、文章と絵画でなんとか復元されたのではないだろうか。

カギャナル社編集部

訳者あとがき——羅蕙錫にについて——

本書の著者である羅蕙錫《ナヘソク》は、1896年、京畿道水原《スウォン》に、官僚の父・羅基貞《ナキジョン》と母・崔是議《チェシイ》の二男三女の四番目の次女として生まれた。1913年、優秀な成績で女学校を卒業後、東京の女子美術学校（現・女子美術大学）に留学する。当時の東京美術学校（現・東京藝術大学）は東京音楽学校（やはり、現・東京藝術大学）と違い、女子に門戸を開いておらず、画家を志す女学生は女子美術学校に通うしかなかった。彼女は西洋画を専攻するかたわら、平塚らいてうら開明的な女性たちの影響を受け、新しい女性の生き方を文章で表現した。1914年、縁談のために父から帰国を厳命され、休学して帰国する。その後、自分で学費を工面して復学を果たし、1918年に22歳で、同校を卒業する。

1919年、第一次大戦後の民族自決の機運の中、朝鮮でも独立運動が高まり、東京での2・8独立宣言に続いて、朝鮮で3・1独立運動が起こり、彼女も独立運動を計画していたところを逮捕され、5か月間拘束される。

1920年、24歳の時、10歳年上の京都帝国大学法学部出身で熱烈なクリスチャンであった弁護士の金雨英《キムウヨン》と結婚する。彼の熱烈な求愛に屈した形だが、彼女は条件を提示し、それを承諾させての結婚だった。翌1921年3月、京城日報内の来春閣で初の個展を開き、2日間で5千人の観客を集めた。また、同年4月に結成された洋画協会では紅一点の会員となっている。3・1独立運動後のいわゆる「文化政治」時代といわれる総督府の懐柔政策下で、彼女は若くして時代の脚光を浴びた。

1921年9月、金雨英は日本の外交官に採用され、旧満州の安東《アンドン》の副領事に任命される。羅蕙錫も同行し、そこで6年半過ごす。二人は同地で独立運動家を密かに支援した。その間、彼女は1922年から始まった朝鮮美術展覧会（鮮展）に出品して、6年連続入選や特選を得るなど、当時としては珍しい新進朝鮮人女性画家としての地歩を固めつつ、一方では、文章をつづって、雑誌などに発表していった。また、二男一女をもうけている。それゆえ、絵画・文筆活動を続けてはいたが、自分の時間は少なく、自分の絵画活動にも悩み始めていた。

そんな中、1927年に、金雨英は、副領事職を解かれ、「僻地《へきち》勤務者への慰労旅行」として、欧米旅行が決まる。6月、羅蕙錫は、3人の幼い我が子を姑《しゅうとめ》に預け、夫と共に旅行に出発する。シベリア鉄道で、満州、シベリア、モスクワを経て、パリに到着し、そこからスイス、ベルギー、オランダ、ドイツ、イギリス、スペインを巡る。

その後、大西洋を渡って、アメリカ大陸を横断し、1929年3月、釜山に帰港する。20か月にわたる当時の朝鮮女性としては前代未聞の大旅行であった。たとえ現在であっても、他の国であっても、実現不可能に近い大旅行である。彼女が一番長く滞在したのは、やはり花の都パリである。そこでアカデミー・ランソンという美術学校に通い、ロジェ＝ビシエールに師事、立体的、野獣派など当時のパリ画壇で多くのものを吸収した。

帰国後、生活上の必要もあり、この体験を雑誌『三千里』や東亜日報などに発表した。彼女自身のその他の作品の一節や彼女に関する報道をコラムとして交え、また彼女の絵画の代表作や関連写真等を使って、これらの欧米旅行記を初めて一冊にまとめたのが、本書である。

本書の中に見られるいくつかの注目点を挙げてみたい。

第一に、女性の地位である。例えば、ハルビンでは、主婦が夕食後、「いそいそと化粧をして映画館、劇場、ダンスホールに行って遊んでは朝方五、六時ごろ帰ってくる」と述べ、さらに「西洋各国で娯楽場が繁栄しているのは、それだけ女性に生活の余裕があり、時間があるからだ。以前、京城のある劇場の前を通ったとき、同行した友達にこう言ったことがある。劇場経営をするには根本問題、すなわち朝鮮女性の生活を急ぎ改善する必要がある、と。女性の生活に余裕がない社会では娯楽も繁盛することはない」と意見を述べている。また、イギリスで、英語を学んだ、女性参政権運動家のイギリス人の女教師が、「女性はいい服を着ておいしいものを食べるのを減らし、貯蓄しなきゃ。これが、女性が権利を得る運動の第1条よ」といったことについて、その言葉が頭から離れず、「イギリス女性たちの先進的な悟りに尊敬の念を禁じえない」と感銘を受けている。既に新女性の在り方についての意見を多く発表していた彼女にとって、女性が家庭に拘束される封建的な家制度が残る朝鮮や日本と違って、欧米は女性がより自由で、社会で活躍できるお手本となる世界であった。

次に、画家としての使命である。彼女自身の視察の第一課題は、女性画家として研《けん》鑽《さん》することだった。先述のように、長期にわたるパリ滞在では、アカデミーに通って、最新の美術を習い、また欧米各国の有名美術館で、非常に多くの作品を鑑賞している。特に、フランスとイタリアはその中心だ。パリについて「演劇、オペラ、映画のどれをとっても、絵の素材でないものはない。画家がいてのこそのパリである。パリは画家を呼び寄せる」と評している。また、ミラノで、レオナルド・ダヴィンチの「最後の晩餐」を目の辺りに見た時、「果たして絵に向き合ったとき、我知らずに自ら頭が下がった。これまで印刷物で見ていたものとまったく違うので、うれしかった」と深い感動を語っている。なお、彼女の絵画は、視察後、当初のレアリスムからフォービスムへ変化する。

画家としての、事物に対する観察眼の鋭さ、特に自然の風景に対する見事な筆致も挙げられる。例えば、シベリアでオーロラを見た時にこう書いている。「白樺の山林に浮かぶ夕陽が非常に冷たい。空の色は黄色くなったかと思うと、真っ赤になり、やがて青灰色に変わっていく。天空はいつのまにかすっかりまん丸くなり、白夜となって昼か夜か見分けがつかなくなる。空は鏡のように透明で、眩暈《めまい》するほど輝いている。さらにそこにいろいろな形が姿を現す。これが話題のオーロラだ」。何と端的な表現だろう。画家兼文筆家の面目躍如といったところである。

最後に、朝鮮の在り方である。先述したように、羅蕙錫は、独立運動を経験している。実際、彼女は視察中、亡命した独立運動家とも会っているし、金銭的な支援もしている。アメリカでは、2・8独立宣言と3・1独立運動に参加し、収監され、保釈中に脱出して米国に留学していた、先輩格の女性独立運動家の金《キム》マリア（瑪利亜）や、独立運動の先駆者で、独立協会を結成したことで知られる、医師の徐載弼《ソジェビル》博士などとも面会している。また、パリ滞在中に寄食した先のフェリシアン・シャレー氏は、朝鮮の独立に理解のある人で、彼とも朝鮮の在り方について話しているようだ。植民地下の朝鮮の知識人にとって、どのように独立に導き、祖国を取り戻すかは、大きな関心事であり、使命であったのだ。

彼女は帰国後間もなく、この旅行中に密会したとされる天道教幹部の崔麟《チェリン》との関係が原因で、金雨英の逆鱗《ぎきりん》に触れ、離婚を宣告される。彼女は抵抗するが、受け入れられず、画家・文筆家として生計を立てようとした。

1931年にパリのクリュニー美術館を描いた「庭園」が、鮮展で特選、日本の帝国美術院展覧会（院展）でも入選したが、それが絶頂期で、結局は経済的に苦しい後半生を送った。その中で、崔麟を相手に貞操蹂躙《じゅうりん》訴訟を起こしたが、世間からは批判を浴びるだけだった。晩年は仏教に帰依して、絵筆を握り、文章をつづり続けた。そして、韓国が独立して間もない1948年の冬に、生き倒れて、52歳で一生を終える。一人で迎えた寂しい死であった。

忘れ去られていた羅蕙錫は、韓国において民主化が進展すると、女性画家兼文筆家としてのみならず、民族活動家、ジェンダーの嚆矢《こうし》と再評価される。特に地元・水原市が主導して研究が進み、2000年と2001年には、相次いで「全集」が編まれ、注目を集めている。

本欧米旅行記は、羅蕙錫という自立しようとした開明的な新進近代朝鮮女性画家兼文筆家から見た大戦間期欧米の貴重な記録であり、韓国で再評価が進む彼女のあらゆるエッセンスが詰まった、興味深い読み物だと言える。

翻訳の底本は、가갸날（カギャナル）社から２０１８年２月に出版された『조선여성 첫세계일주기』（直訳すると『朝鮮女性、初の世界一周記』）を使った。また、口絵は、羅蕙錫研究家の金栄植《キムソウショク》氏の協力を得た。あわせて、感謝する次第である。

山田裕子＋展望社編集部

２０２４年２月

著者略歴

羅 蕙錫（ナ・ヘソク）

1896年朝鮮京畿道水原市生まれ。日本に留学し、1918年女子美術学校卒。1919年3・1独立運動に関与し、5か月間拘束される。1920年弁護士の金雨英（キム・ウヨン）と結婚。女性美術家・文筆家として脚光を浴びる。1927年6月から1929年3月まで、夫と共に欧米を中心に世界一周。帰国後間もなく、パリでの崔麟（チェ・リン）との密会が原因で、夫から離婚宣告を受ける。経済的に苦しい後半生を送り、1948年行き倒れて寂しく一生を終える。韓国民主化後、再評価され、再び注目を浴びている。

訳者略歴

山田 裕子（やまだ　ゆうこ）

1962年和歌山市有田郡生まれ。1982年京都府立大学女子短期大学部国語科卒。1983年佛教大学小学校教諭免許状取得。同年和歌山市立中学校に採用され、国語を教える。2019年退職。2002年以降、韓国ドラマをきっかけに韓国に関心を持ち、韓国語の勉強を始める。

This book is published with the support of Literature Translation Institute of Korea (LTI Korea).

朝鮮女性、初の世界一周記

2024年5月21日　第1刷発行

著／羅 蕙錫　訳／山田裕子
発行人／唐澤明義
発行所／株式会社展望社
〒112-0002　東京都文京区小石川3-1-7エコービル202
TEL：03-3814-1997 FAX：03-3814-3063
http://tembo-books.jp
印刷：株式会社ディグ

ISBN 978-4-88546-442-3 定価はカバーに表記